DA SUA ZONA DE CONFORTO

52 propostas para você tomar as rédeas da sua vida

GREGORY CAJINA

DA SUA
ZONA
DE CONFORTO

52
*propostas para
você tomar as rédeas
da sua vida*

Tradução de Marlova Aseff

Texto de acordo com a nova ortografia
Título original: *Rompe con tu zona de confort: 52 propuestas para tomar las riendas de tu vida*

Tradução: Marlova Aseff
Capa: Ivan Pinheiro Machado. *Imagem*: HorenkO/Shutterstock
Preparação: Simone Diefenbach
Revisão: Marianne Scholze

CIP-Brasil. Catalogação na fonte
Sindicato Nacional dos Editores de Livros, RJ

C139s

Cajina, Gregory
  Saia da sua zona de conforto: 52 propostas para você tomar as rédeas da sua vida / Gregory Cajina; tradução Marlova Aseff. – 1. ed. – Porto Alegre, RS: L&PM, 2015.
  200 p. ; il. ; 21 cm.

  Tradução de: *Rompe con tu zona de confort: 52 propuestas para tomar las riendas de tu vida*
  ISBN 978-85-254-3103-5

  1. Técnicas de autoajuda. 2. Autoconfiança. I. Título.

14-10651   CDD: 158.1
             CDU: 159.947

© Gregory Cajina 2013
First published in 2013 in Spain by Ediciones Oniro
© copyright L&PM Editores, 2015, by arrangement with Zarana Agencia Literaria

Todos os direitos desta edição reservados a L&PM Editores
Rua Comendador Coruja 314, loja 9 – Floresta – 90.220-180
Porto Alegre – RS – Brasil / Fone: 51.3225.5777 – Fax: 51.3221.5380

Pedidos & Depto. comercial: vendas@lpm.com.br
Fale conosco: info@lpm.com.br
www.lpm.com.br

Impresso no Brasil
2015

Sumário

Introdução – O que poderia ter sido... e acabou sendo 9
Apresentação – Agite antes de usar 21
0. Preparar-se demais é atrasar a decisão 31
1. Deixe de perder tempo: empreenda 34
2. Menos confusão: estamos aqui para ser felizes 36
3. Quem realmente decide? 38
4. Voltar às origens 40
5. Não nos enganemos: adoramos nos enganar 44
6. Viver não é sobreviver 46
7. Quanto mais nos entregamos, mais somos 48
8. Quem tem a última palavra? 50
9. Se não importa para você, não importa para ninguém 52
10. Entrando na Zona 53
11. O que aparenta ser não necessariamente é 55
12. Caminhos diferentes: mesmo destino 60
13. Cara ou coroa. Ou invente outra moeda 66
14. Quando o que segue o louco é o mais sensato 69
15. Esperar a inspiração 72
16. Para que existem as regras? 75
17. Compartilhar para ganhar 76
18. Se você procura um professor, busque-o por perto 78
19. Fazer-se de vítima não convence ninguém (nem sequer
    você mesmo) 80

20. Adeus, escritório, adeus 82
21. Tem certeza de que você não tem tempo? 84
22. Deixe de procurar: escreva a sua própria missão 87
23. Estes baixinhos não tão loucos 92
24. Otimista ou positivo 96
25. Distrações, distrações 98
26. Não se preocupe: às vezes não sabemos o que queremos 101
27. Decifre a mensagem codificada no seu problema 105
28. Se não tem vontade de fazer, faça agora (e tire isso do caminho) 108
29. O que de fato nos faz ricos 109
30. Quicando mais alto: resiliência 111
31. A armadilha da responsabilidade 115
32. Autoridade artificial 119
33. Cansado de quê? 122
34. Quartel de inverno: bater em retirada 124
35. O (in)seguro é (in)seguro 127
36. Quando é sensato competir 130
37. A maestria do aprendiz 132
38. "Com-paixão" ou pena 135
39. Simplificar, simplificar, simplificar 137
40. É de fato importante? 139
41. Estar ocupado para pensar 140
42. Trabalhe menos. Fale mais 145
43. O futuro tem um presente 150
44. Quando a melhor resposta é uma pergunta 154
45. Quando uma pessoa brinca de ser algo, acaba sendo 157
46. O pacote não é o presente 160
47. Medo e mudança 163
48. Adubar a flor errada 169

49. Ou você surpreende ou é apenas mais um 173
50. Esvaziando a mochila.. 178
50 + 1. *Coaching* não invasivo 182
50 + 2. A grande pergunta 186

Epílogo – O que esperar do outro lado.................................... 190
A aventura continua fora da Zona 194
Agradecimentos... 195

Introdução

O que poderia ter sido... e acabou sendo

No começo, eu não fazia ideia que diabos estava acontecendo.

Havia conseguido tudo aquilo a que um jovem de vinte e poucos anos poderia aspirar. Cresci em vários países, consegui bolsas para estudar numa das universidades mais prestigiadas da Europa, trabalhava numa das mais lucrativas assessorias empresariais do planeta, rodeado pela elite acadêmica e profissional do continente. Tomava café da manhã com o alto escalão europeu e jantava com vice-presidentes de multinacionais da lista da *Fortune 500* enquanto, em troca, transformava-me num magistral mestre em *powerpoints*, rumo à diretoria e, juntamente com o cargo, à sideral BMW Z3 conversível (sim, a do James Bond).

No entanto, havia algo que seguia sem funcionar.

Estava descontente, infeliz, insatisfeito talvez? Levei um tempo para perceber que, na verdade, por dentro, me sentia vazio.

Algo não se en-cai-xa-va. Aos olhos de todos, a minha vida era perfeita. Um farol para os que vinham depois: bolsistas, recém-formados, jovens promessas que, da mesma forma, procuravam uma ultrapassagem pela via expressa sem ao menos se despentear. Atrás da porta fechada do meu silêncio, no entanto, eu estava tão desorientado como um veleiro sem velas no meio de uma noite nublada, sem referências nem instrumentos. Não tinha a mínima ideia de onde estava, aonde ia e, muito menos, como iria chegar lá.

Só havia uma forma de resolver isso: à força de disciplina. Não podemos nos deixar atropelar pelas circunstâncias, é preciso seguir lutando, fiéis aos princípios que nos inculcaram desde criança. Ou alguma coisa desse tipo.

De tal forma que, dia após dia, obstinado como fui criado, eu amanhecia como se estivesse contentíssimo por trabalhar onde e com quem o fazia, como se me entusiasmasse o fato de acordar em uma cidade para terminar dormindo em outra, como se me interessassem as infames reuniões de bajuladores regadas a testosterona e sanduíches ressecados de *caterings* de luxo, como se responder a duzentos e-mails diários encabeçados com o seu correspondente "urgente" fosse o auge de tudo que alguém pode desejar na vida.

E assim eu consumia os meus dias (ou eles a mim), um após o outro, mês após mês, ano após ano.

Como eu dizia a você: isso é obstinação.

Até que começaram os tremores e aquela dor. "É estresse", foi o diagnóstico do médico. "Ah! Obrigado." Não é preciso estudar dez anos para se chegar a essa conclusão. "Tome estas pílulas e comece a correr", receitou. Problema resolvido. De volta ao escritório.

Teria me mordido essa fera tão temida, a quem eu havia conseguido evitar durante anos enquanto caíam os meus companheiros de cansaço, reuniões e *powerpoints*?

Seria possível que isso acontecesse comigo, que não podia perder tempo com trivialidades?

Mas o médico mandava e, assim, que remédio, antes que o especialista tivesse de intervir, abri a caixa e tomei a primeira pílula, que se transformou na última, depois de eu conseguir me levantar, absolutamente desorientado, horas mais tarde, do sofá que acolheu a minha queda durante um sono tão vazio como a vida que eu decidi deixar de viver.

Não, essa não poderia ser a solução. Adeus, pílulas.

Como aluno aplicado, pus em prática pela primeira vez todas aquelas ferramentas analíticas que empregava diariamente com os meus clientes para revisar, com a mesma minúcia com que se restaura um Botticelli, cada aspecto da minha existência, tentando achar aquilo que estava debaixo do tapete para, em seguida, me dedicar com a mesma determinação que me havia conduzido à confortável (?) situação de então.

Um desafio para mim. Por favor, sejamos sérios.

Tal foi o meu empenho que, num ímpeto de perspicácia, tomei a decisão que, com toda a certeza, preencheria esse incômodo vazio que já começava a se incrustar.

Então eu me casei.

E foi assim que, com apenas trinta anos, acreditei fechar triunfante a quadratura do círculo saúde-dinheiro-amor que a maioria da humanidade não consegue em toda a sua vida. Nos termos de Maslow, bingo, eu já havia completado a sua célebre pirâmide de necessidades com o mesmo alívio de quem adquire o valiosíssimo último selo que completa uma coleção iniciada gerações antes. Em termos cármicos, já poderia partir tranquilo para o outro plano, pois tudo o que havia para fazer neste aqui já estava mais do que feito.

Mas, às vezes, sobretudo quando ainda não se foi aprovado nas matérias de Humildade e Gratidão, a Vida nos obriga a passar por um exame todo seu...

Assim que, transcorridos 3 mil dias de ter alcançado esse algo tão escorregadio que poderíamos chamar de "sucesso", perdi tudo.

Ou, melhor dito, perdi tudo aquilo que não era realmente meu. Perdi tudo o que os outros me inculcaram que eu deveria ter.

Em apenas alguns dias, os quais não tive nem tempo de contar, o deslumbrante meteoro da minha existência chocou-se contra a minha própria obstinação em ignorar todos os sinais que o anunciavam com cartazes cada vez maiores e ofuscantes por sabe-se lá quantos anos. Passei de cem a zero em dinheiro, poder, status, influência, segurança, imagem e qualquer outra coisa precedida pelo verbo "ter".

E assim foi que, despojado de todo o supérfluo e segurando a respiração como podia no mais enlameado dos fundos, enquanto rezava para que terminasse esse momento, esclareceu-se a incógnita que eu precisava resolver.

Não tem sentido apegar-se a "algo seguro" porque, simplesmente, isso não existe.

Isso sim é certo.

Quando alguém, como indivíduo, esvazia os seus depósitos de *coisas*, essa pessoa começa a ter um espaço livre que pede, e não *exige*, ser preenchido. E foi assim que, enfim, decidi me dar a permissão de começar a ver com outros olhos novas realidades ao meu redor; de criar, permitir e provocar diferentes cenários que eu, e não outros, valorizava como importantes. Quando olhamos para dentro de nós detidamente, acabamos concluindo que, na verdade, há apenas duas coisas neste mundo que diferenciam aquele que vive a sua vida daquele que sobrevive segundo as regras dos outros: a relação consigo mesmo. E, se essa funciona, então a relação com os demais também funciona.

Nem reuniões, nem presidentes, nem orçamentos, nem diplomas, nem viagens de negócios, nem carros conversíveis, nem o sucesso preconizado e engarrafado de vazio.

Nós conosco mesmos.

Nós com os outros nós.

Descobrir isso é aparentemente simples de entender por escrito. Mas, para compreender, assimilar, aprender, foi preciso viver. E, para vivenciar, tive que quebrar A Caixa.

O fato de não olharmos não quer dizer que não possamos ver.

Desvie o olhar por alguns instantes daquilo que absorve a maior parte do seu tempo no dia a dia: o trabalho, as relações, os seus objetivos, os seus desejos, o seu ócio, os obstáculos e os contratempos.

Estenda os dedos e tateie.

Talvez não a veja, mas sem dúvida pode senti-la. Está aí. De fato, sempre esteve.

Quase transparente, um pouco borrada quando focamos a visão. Mas real.

Essa urna de cristal que nos aprisiona e isola, com a desculpa de conservar-nos protegidos, mantendo-nos separados daquilo a que realmente aspiramos. Uma jaula, morna e acolhedora, insinuante e sedutora, na qual nos trancaram ou decidimos nos fechar, pensando que o que existe dentro é, na realidade, tudo o que há no universo. O peixe mergulha acreditando que tudo *o que existe* está dentro do seu aquário.

Isso é A Caixa. Ou, digamos assim, a sua Zona de Conforto.

Mas não estamos sozinhos na nossa Zona de Conforto. Nela também estão trancados os metros quadrados da nossa casa, o nosso carro, o nosso local de trabalho, as nossas relações e os nossos ócios, que nos isolam praticamente de todas as outras possibilidades, forçando-nos a adotar as mesmas decisões, as mesmas atitudes, as mesmas rotinas herdadas do nosso meio, sem juízo nem debate, e repetindo-as por mero hábito durante vidas inteiras.

Mesmo que esses hábitos tenham deixado de funcionar há tempos.

Pensamos, fazemos, comemos, decidimos, sentimos, falamos, amamos e morremos dentro dessa Caixa que contém os modos, preceitos, normas, princípios e regras sobre como devemos pensar, agir, comer, decidir, sentir, falar, amar e morrer.

Descobrir quem colocou as regras primeiro, na verdade, é irrelevante. Podemos culpar a sociedade, a religião, a educação, o governo, a publicidade ou uma conspiração mundial, se preferirmos.

Sem dúvida, encontraremos um culpado. Mas não teremos avançado um só milímetro de onde estamos: dentro da Caixa.

Muito bem, vamos nos aproximar com maior detalhamento dessa Caixa que nos rodeia. Vamos chegar mais perto.

É isso, você consegue perceber?

Na realidade, essa Caixa não está nem existe fora de nós. Simplesmente reflete os limites que nós *escolhemos ver* previamente em nosso mundo interior.

Nós concebemos em nossa mente, consciente ou inconscientemente, os limites, o tamanho, as arestas, a rigidez dessa jaula transparente que carregamos para todos os lugares e que revelamos continuamente por meio da nossa forma de falar, de caminhar, de comer, de pensar, de decidir, de amar.

1. "Isso eu não posso fazer", dizemos a nós mesmos. E, de fato, acabamos nunca conseguindo aquilo que tanto desejamos.

   A Caixa ganha.

2. "Não estou preparado", repetimos para nós mesmos. E, certamente, nunca encontramos a forma de decifrar o problema que nos mantém paralisados.

   A Caixa volta a vencer.

3. "Tenho muitos anos (ou muito poucos)", "não tenho os recursos suficientes (ou os tenho em excesso)", "não sou tão criativo (ou o contrário)", "não tenho a formação, a experiência", e acaba que passamos mais tempo cozinhando as desculpas perfeitas e plausíveis "para o caso" de não conseguirmos aquelas vidas alternativas e almejadas com as quais seguimos sonhando.

A Caixa agora não somente vence, como começa a ficar menor.

Começa a oprimir.

(Re)desenhar a Vida fora da Caixa.

Já ouvimos o suficiente sobre esta mãe de todas as crises que tanto espaço e tempo ocupa nos meios de comunicação e na mente de todos nós. E já chega de alarmes, preocupações, porcentagens e seguros de risco.

Já chega de medo.

Chegou o momento de agir e tomar as rédeas das nossas vidas como indivíduos e deixar de esperar que nos sirvam tudo mastigado porque no passado era o nosso direito. O que havia antes deixou de funcionar, e o novo ainda está chegando. Estamos em trânsito do velho em direção ao novo.

E estes são os melhores tempos para reiniciar o sistema. O nosso sistema.

É preciso enfocar novamente o que está acontecendo na nossa vida para poder desenhá-la, a partir desse mesmo instante, por fim, segundo o nosso próprio critério, não conforme o que talvez acreditássemos ser o nosso critério.

Este livro convidará você a desvendar 50 + 2 caminhos para: empreender essa mudança em sua vida que não pode mais esperar; aventurar-se por paragens ainda não exploradas, fora da autoestrada que, asseguram, é o único caminho; compreender, finalmente, o que somos e como seguir construindo-nos; encontrar inspiração quando tudo que vemos ao redor é deserto; criar as regras do jogo quando não se sabe (ainda) o que se quer jogar; quicar mais alto uma vez que se tenha tocado o fundo; escolher, entre duas opções medíocres, uma terceira que seja ótima; aproveitar a força de ter sempre a última palavra; recorrer a uma técnica ao alcance do travesseiro para vencer os fossos que minam o nosso caminho; aprender a aprender o que ninguém pode nos ensinar; elevar a nossa exigência quando acreditamos ter batido o recorde; devolver a responsabilidade às vítimas profissionais, que procuram o naufrágio em vez do farol; contribuir com determinação com a tribo à qual pertencemos; rebelar-nos definitivamente contra a autoridade competente (?); decidir o destino da nossa vida; soltar o lastro que nos ancora neste mar que se evapora e, sim, responder à Grande Pergunta.

Nestas páginas, você encontrará modos de recalibrar muitos dos eixos da sua existência, que vai além daquela que nos oferecem preconizada desde o momento em que nascemos. Nelas navegaremos do âmbito da educação até o do trabalho, do espiritual ao sensual, da criação dos filhos até as relações na empresa; da expansão do nosso próprio potencial até o maior bem-estar da nossa tribo; passaremos pelos jardins da Psicologia, da Filosofia e da Arte, fazendo escala na Neurociência, na História e na Antropologia, viajando dois mil anos atrás no tempo, e à frente, até o futuro; jogaremos um pouco de tênis e apostaremos tudo num cassino e, por que não, especularemos o que está sendo feito na Califórnia, na Holanda ou na África Central.

Comece, se assim quiser, saindo da Caixa agora mesmo: pule a ordem do sumário deste livro e mergulhe nos capítulos a esmo, aonde quer que a sua intuição o leve. Deixe-se levar pela leitura durante uma semana ou durante um ano, ou leia de uma só vez esta noite mesmo. E abrace a sua própria mudança. Compartilhe com os amigos e com os colegas aquilo que encontrar nas próximas páginas e souber que lhes dará a coragem adicional para as suas conquistas pessoais. Fale para eles sobre o que a sua leitura pode também fazer por eles. Interajam, troquem ideias, recursos, propostas, projetos.

Já somos muitos e estamos esperando por vocês.

Da minha parte?

Eu poderia dizer a vocês que viver fora da Caixa é um passeio pelo Éden, com anjos tocando harpa, consumação livre de chocolates belgas e gente sorridente passeando nua com folhas de parreira.

Mas não, não é assim. Isso é muito chato (ok, fora a parte das pessoas nuas).

É ainda melhor.

Depois de perder, a segunda grande lição que se aprende é a de deixar as coisas partirem, com o objetivo de liberar espaço para voltar a receber. Ainda que possa soar estranho, sou grato por essas duas lições e por descobrir estes 50 + 2 modos de [re]encarar a vida fora da Caixa, os quais desejo compartilhar com você durante este tempo em que conversaremos.

O preço da liberdade de decidir fora dela é a vertigem que às vezes sentimos ao largar o seguro (?) e abraçar, em paz, os imprevistos (?) que a vida nos oferece a cada dia. Algo que continuo aprendendo enquanto escrevo neste hotel.

Mas isso é outra história...

Apenas algumas palavras de cautela: [re]enfocar uma vida fora da Caixa, na verdade, é uma decisão constante, permanente, em contínua construção.

Mantenha-se no presente e encontrará pelo menos outros 50 + 2 caminhos extras na sua trajetória de vida.

Distraia-se e voltará a se acomodar dentro da Caixa, sem nem ao menos perceber.

A Caixa não vai se mover de onde está. Você sempre poderá voltar para dentro dela se quiser.

Portanto, e se saindo dela você pudesse conseguir aquilo que, estando dentro da Caixa, não está conseguindo?

Só há uma forma de saber.

Ficarei contente de ouvir sobre os seus progressos, as suas descobertas por novas paragens, sobre as suas decisões e as novas vidas que você está projetando para o seu maior bem-estar e daqueles que o rodeiam.

Obrigado por ler.

Obrigado por nos inspirar.

Com os meus melhores desejos de sucesso,

GREGORY CAJINA
Maio de 2013

Apresentação

Agite antes de usar

Fazer *coaching* não se diferencia de outras profissões que procuram ajudar os outros a encontrar o seu caminho para se assegurar de que farão conquistas ambiciosas, concretas e...

Espere um pouco.

Eu disse "ajudar"? Não, desculpem o erro. Ou pior, o atrevimento.

Na verdade, não ajudamos ninguém. De fato, pessoalmente, procurei ajudar o mínimo possível durante as minhas centenas de horas de *coaching* na última década com empreendedores, executivos, estudantes, aposentados, desempregados, idosos, adolescentes e quase todas as interseções entre esses grupos.

Ajudar é, certamente, uma das mais sutis e, ao mesmo tempo, descaradas formas de agressão. Quando dizemos "posso ajudá-lo?", o que na verdade transmitimos é "saia da frente, você não sabe, deixe que eu faço".* Só faltaria chamar de "pequeno grilo" o nosso desconcertado interlocutor para consumar o magistral, atordoante e incapacitante golpe de kung fu que irá confundi-lo, em que pese a sua suspeita muito bem fundamentada de que, de fato, pode fazer com os seus próprios recursos e competências.

---

* Obviamente, "ajudar" é o apropriado em situações urgentes: um incêndio, um naufrágio ou a solução trazida pelo colega para aquela intragável equação de terceiro grau na última prova do curso.

Portanto, não deve nos surpreender que esse suposto desvalido nos peça para resolver seu próximo dilema enquanto avança com habilidade pelos sucessivos níveis do jogo *Angry Birds* estirado no sofá.

Não é de se estranhar. Desde que somos crianças, nos dizem constantemente o que não podemos ou devemos fazer. Do primeiro "não corra" da infância (algo deve existir em nossa carga genética para que todas as crianças passem de caminhar a correr em apenas algumas horas) até o adulto "não pode" (mudar de carreira, refazer a sua vida, empreender, começar uma nova relação, entrar em forma, aprender um idioma, tirar um ano sabático ou escalar o Aconcágua). Esse recorrente bombardeio de negações acaba por dinamitar a confiança de um indivíduo na sua capacidade para resolver com os seus próprios meios* os imprevisíveis obstáculos que a vida tende a apresentar.

Daí ao "você pode me ajudar?", como se supõe, há um passo muito pequeno.

Não, obrigado: "ajudar" não é uma boa ideia se queremos fomentar a capacidade de um indivíduo para alcançar suas metas.

Deixem, portanto, que em seu lugar eu empregue o termo "acompanhar".

Fazer *coaching* não se diferencia de outras profissões que procuram acompanhar o outro na busca do seu caminho para se assegurar de que esta pessoa alcance seus objetivos, ou seja, percorrer a distância existente, em dado momento, entre o que a pessoa imagina (visualiza, suspeita ou deseja) para a sua vida e o que intui merecer e a realidade atual que a rodeia.

---

* "Com os seus próprios meios" não é o mesmo que "sozinho": para começar a empreender, é preciso apenas um indivíduo e uma conexão de internet. Para manter a Amazon como ela é hoje, são necessários milhares de colaboradores.

No entanto, essa disciplina tem uma qualidade que a distingue das demais: o trabalho de um bom *coach* é, justamente, evitar que o cliente volte a chamá-lo, pois este terá reencontrado a maneira de traçar o seu caminho, mesmo com a certeza de que encontrará, antes ou depois, sérios obstáculos.

Alguns desses recursos e aprendizagens você achará aqui, reunidos nestas páginas que estão em suas mãos, filtrados pela visão distanciada do autor. No final das contas, e não se deixem impressionar por gurus que falem o contrário, no *coaching*, tanto o *coach* quanto o cliente aprendem algo se o processo for bem-feito. Por isso, a minha aspiração é que os capítulos a seguir possam abrir novas perspectivas frente a um velho problema, ou alterar o modo de entender essa dificuldade para abordá-la de outro ponto de vista. Essa é a vantagem de viver num mundo cuja realidade é tão multidimensional e, sobretudo, interpretável, pois devolve a nós, humanos, a responsabilidade e a sabedoria de responder diante dela com efetividade, em vez de lamentarmos por sua aparente imperfeição.

Permitam-me somente uma advertência: não se deixem distrair pela aparente agilidade e brevidade com a qual está desenvolvido o conteúdo de cada um destes capítulos. Cada um deles responde a uma compreensão que só pode se manifestar depois de longas e às vezes extenuantes experiências intermediárias, incompletas, insatisfatórias, dolorosas ou limitantes que, apesar das circunstâncias, encontraram seu próprio caminho.

Nesse sentido, nas próximas páginas...

- ... você não encontrará nenhuma diretriz terapêutica, pois nós, *coaches*, não somos curandeiros nem consideramos nenhum indivíduo louco (salvo se por "louco" entendermos que se trata de um inconformista com tendências a questionar o *status quo* da realidade que, há algum tempo, deixou de funcionar. Então, sim, viva a maluquice). Entretanto, o que encontrará, sim, são as chaves do sucesso de indivíduos que empregaram/empregam/empregarão a coragem que todos possuímos para dar esse salto e tornar o sonho realidade.

- Você não encontrará lições magistrais; faz tempo que nos demos conta de que o sistema educativo não é sistemático nem educa. Mas você irá entrever que as aprendizagens realizadas aqui condensam o que seria muito difícil e tedioso de explicar em volumosos tomos. Respeitamos o seu tempo, estimado leitor.
- Não figurarão receitas pré-cozidas com obscuras e esotéricas implicações paracientíficas, mas as consequências de experimentar os modos como é governado o nosso ambiente para criar uma realidade mais de acordo com as nossas aspirações.

Em suma, nas seguintes páginas você encontrará algumas das chaves de sucesso, aprendizagens, crescimento pessoal e conquistas de pessoas que um dia decidiram olhar diretamente suas limitações, encará-las e dar um passo atrás antes de abraçar seus objetivos, com cuidado, mas com determinação feroz, frequentemente para perceber que, com efeito, o medo se dissolve no éter uma vez aceito e desafiado.

A imensa maioria dos medos que temos é aprendida, vem de fora para dentro e emana da nossa rede de interações: dos temores dos nossos primeiros cuidadores até aqueles propagados pelo nosso meio de comunicação favorito; da pessoa com quem moramos até nossos dirigentes e empregadores. Utilizamos todos esses medos, na maior parte das vezes, consciente ou inconscientemente como desculpa para não fazer algo diferente ("Tenho certeza de que não dá certo porque..."), mesmo que fazer algo diferente pudesse resultar numa situação mais vantajosa para nós.

Mas e se a única maneira de viver, de existir de verdade for, justamente, enfrentando todos esses medos?

As próximas páginas lhe apontarão maiores, melhores ou diferentes recursos para espremer, ainda mais, o suco de uma vida que transcorre com assombrosa rapidez, com polpas às vezes doces e às vezes amargas, com sementes que por vezes fazem engasgar e com certas asperezas no exterior de alguns frutos. Mas com a promessa de poder se saciar graças ao esforço de abraçar essa conquista que no primeiro dia apresentava-se tão desafiante.

Como todo bom suco, precisa ser agitado antes de ser apreciado. Portanto, agite com força aquelas sólidas ideias que até agora (pareciam que) funcionavam. Talvez este seja um bom momento para encará-las a partir de outra perspectiva.

Permita também que aflorem do fundo da Caixa aquelas metas que no passado você deixou se cobrirem de pó por serem aparentemente impossíveis.

Já é hora de retomá-las, pois são como uma grande viagem. Criar uma empresa. Dedicar-se ao seu hobby favorito. Continuar estudando. Viver numa cidade tranquila. Aprofundar relações pessoais de qualidade. Ganhar mais tempo "visível", simplificando o redundante ou o indesejado. Tornar seus anseios realidade, sem se apegar indefinidamente à forma de vida que nos oferecem desde quando abrimos os olhos ao nascer.

Conceda-se a permissão de deixar de sonhar para descobrir como transformar seus sonhos em matéria sólida.

Abra, pois, essa Caixa invisível na qual gradual e discretamente fomos, você e eu, introduzidos para servir a um sistema que deixou de funcionar. No fundo, ninguém vai lhe cobrar, porque ninguém se importa se você segue nele ou não. Exceto você.

Exponha-se a pensar fora da Caixa.

Em suas mãos está um livro cheio de ideias para levá-lo aonde a aventura lhe espera.

A aventura que somente começa onde termina a sua Zona de Conforto.

Para todos aqueles que decidiram reinventar a vida.

Para todos aqueles cuja Zona de Conforto já estava ficando pequena demais.

Se quer experimentar a paz, proporcione paz a outro.

Se deseja saber que está protegido, faça com que outros saibam que estão protegidos.

Se deseja compreender melhor as coisas que aparentemente são incompreensíveis, ajude outro a compreender melhor.

Se deseja curar a sua própria tristeza ou ira, procure curar a tristeza ou a ira de outro.

Esses outros estão esperando por você agora.

Buscam o seu conselho, a sua valentia, a sua força, a sua compreensão, a sua calma agora mesmo.

Tenzin Gyatso, Dalai Lama

0
Preparar-se demais é atrasar a decisão

Olhe qualquer cidadão médio: fica ali, discreto, quieto, sossegado.

Seus sonhos, desejos e projetos continuam respirando mesmo sendo atropelados a cada dia por esse trem que leva à Rotina. Ainda que feche os olhos no jardim privado de cada uma de suas noites, mesmo quando ignora seus sinais ou cala o seu pulsar, esses anseios seguem ali, aguardando que a criatividade salte, para que eles desçam da névoa dos sonhos para o império do real.

Deixem-me fazer uma pergunta. Nesta loucura diária em que estamos permanentemente respondendo às demandas de atenção imediata de centenas de pessoas por dúzias de canais reais e virtuais...

O que você pode fazer hoje para materializar esse sonho que ainda não faz parte da realidade da sua vida?

Talvez alguma vez você já tenha dito a si mesmo que ainda não está preparado o suficiente para dar o primeiro passo até a situação tão desejada, ou que não é o momento adequado, ou que ainda precisa de mais recursos, ou ____, ou ____ para libertar-se de, ou melhor, para queimar as amarras que o retêm num porto cheio de tudo o que você realmente não deseja, a fim de poder navegar até terras mais férteis e prósperas, mais amorosas e generosas, mais desafiadoras e excitantes.

O certo é que *nunca* se está preparado o suficiente para a travessia. "Fará frio ou calor no lugar aonde vou?"; "O que acontecerá se extraviarem a minha mala cheia de tudo o que é conhecido?"; "Não seria melhor ficar onde estou?".

- Nunca se está preparado o suficiente para deixar de estudar e começar a trabalhar e independizar-se. Ou para deixar de colecionar títulos acadêmicos, evitando encarar um mundo diabolicamente diferente do aprendido nas aulas.
- Nunca se está preparado o suficiente para empreender um projeto profissional novo, para ousar fazer o que poucos fariam; para poder viver como poucos poderiam. Ou para continuar reclamando o direito a um salário que ninguém lhe poderá oferecer.
- Nunca se está preparado o suficiente para essa intimidante primeira vez. Ou para essa última e libertadora vez.
- Nunca se está preparado o suficiente para comprometer-se com essa pessoa tão única. Ou para deixá-la partir com, sim, um sorriso, enquanto abraçamos nosso próprio caminho com uma coragem que não sabemos ainda de onde vamos tirar.

Sempre parecemos estar preparados o suficiente para postergar esse algo que sabemos que devemos fazer, à espera desse dia, desse mês em que acreditamos que então estaremos preparados.

Até quando será preciso esperar?

Até estarmos fartos o suficiente de continuar esperando a senha, a pauta, o caminho, a revelação que nunca parecem chegar, e olha que ficamos matutando.

Aprender é aquilo que começamos a fazer uma vez que tenhamos deixado a escola, quando, enfim, deixamos para trás o imperativo de memorizar os livros de outros e nos permitimos começar a escrever o nosso, cuja trama e objetivo são aqueles que o protagonista começa a construir para si mesmo. Enquanto os primeiros nos endurecem através do sebo da hiperanálise, o segundo nos encontra quando começamos a agir.

Frequentemente procuramos tempo para nos preparar mais, *só um pouquinho mais*, e com isso dizemos a nós mesmos que assim estaremos mais seguros antes de nos lançarmos na arena.

Muito bem, e se acontecer de você já estar preparado? Não espere por uma confirmação: não é preciso a bênção ou a permissão de ninguém. Só a sua própria.

1
Deixe de perder tempo: empreenda

Se diante deste desafio o que se coloca primeiro é se um empreendedor nasce ou se faz, possivelmente você já esteja procurando razões para não o fazer. Nesse caso, sem dúvida, seguirá encontrando razões pelos próximos dez anos.

No entanto, saiba que nos seus genes consta avançar, começar, mudar, melhorar, ascender, aprender, criar, compartilhar, colaborar... Essa é a tradução da magia, do abracadabra, que parece estar associada ao termo "empreender". A palavra procede do latim *in* e *prendere* (tomar, agarrar, pegar). A derivação em português é justamente esta: dirigir-se a pegar algo, algo que no momento é inacessível.

Se você tem um sonho, um desejo, uma meta em sua vida, o mais provável é que aspire materializá-lo. Sonhar, aspirar, desejar é substancial para a vida humana. Se você não sonha com nada, talvez queira considerar em que momento da sua vida você decidiu ficar como estava. Sim, sempre há obstáculos, provas, golpes duros na vida (uma perda, uma despedida, uma mudança, sofrimentos). Mas o seu sonho nunca o abandonou. Está aí, esperando que você o desenvolva, o sacuda, o atualize, o engraxe e deixe-o no ponto.

Surpreenda-se, presenteie-se com o direito de alcançar esse sonho.

Empreender é uma coisa. Criar uma empresa é outra.

O primeiro nos permite a transição, ainda no berço, de nos mexermos a sentar; de sentar a engatinhar; de engatinhar a ficar em pé e balbuciar a primeira das milhares de palavras que aprenderemos; de balbuciar a ler, aprender o caminho do colégio, melhorar no jogo de basquete, nos aproximarmos daquela pessoa tão atraente, adquirir mais experiência profissional... Seja como for, a vida é sempre uma longa sucessão das novas primeiras vezes de alguma coisa.

Essa tendência inata de empreender coisas novas, essa força interna pode ser usada, é claro, para construir uma empresa. Mas é também o que impulsiona um educador a melhorar a experiência dos seus alunos, o pesquisador a desvendar o genoma humano, o engenheiro a aperfeiçoar a comunicação em lugares remotos, o esportista a quebrar as suas marcas e a estabelecer novos recordes que até então eram tidos como fisicamente impossíveis.

Viemos assim de série. O gene de empreender coisas novas está aí, dentro de você.

Sim, é verdade. Empreender é algo aberto para todos, mas nem todos estão abertos a empreender.

Empreenda unicamente se você estiver disposto a expandir a sua zona de conforto de forma permanente, se um dia qualquer for iniciar algo novo. E se seguir disposto a começar algo novo, diferente, amanhã. E também no dia seguinte.

Empreenda unicamente se estiver disposto a viver 365 dias a cada ano, e não o mesmo dia 365 vezes.

2

Menos confusão: estamos aqui para ser felizes

Esqueça o que dizem na televisão sobre o que você precisa para ser feliz. Há uma série de mestres da publicidade que buscam gerar determinadas emoções na sua mente para acionar os seus impulsos para comprar.

"Quer ser bonito? Barbeie-se, depile-se, ensaboe-se com nosso maravilhoso produto."

"Quer dinheiro? Participe deste concurso, compre o bilhete de loteria, renegocie as suas dívidas, vincule-se a um famoso."

"Deseja ser amado, aceito, valorizado?"

"Compre, compre, compre."

Compramos ideias, compramos ilusões, compramos miragens. E tudo isso apesar de no nosso idioma dizermos "ser feliz", e não "ter feliz".

Há muitas formas de conceber a Felicidade, assim, com maiúscula, na vida de um indivíduo. Esta é a fórmula que reúne (quase) todas elas:

- **O prazer:** sim, agrade o seu corpo. Com responsabilidade, concordo, mas não é necessário colocar um limite. Para isso os sentidos estão conectados.

    Paladar: saboreie bons pratos, que lhe agradem ou estimulem. Até a dieta mais estrita permite um mimo de vez em quando.

Olfato: perceba os cheiros que o transportam a momentos ou lugares fabulosos; um perfume, a erva recém-colhida, a cabeça de um bebê.

Tato: vital para o nosso sistema imunológico. Acaricie e deixe-se acariciar. Abrace, porque não gasta. O sexo é uma aprendizagem para a vida toda.

Audição: ouça somente aquilo que gere saúde. Não vai acontecer nada se você não escutar as tragédias das notícias por um dia, nem isso vai transformá-lo num ignorante insensível. Ao contrário.

Visão: deleite-se com o prodígio do voo de uma ave, com a beleza de alguém que você ame, com a sutil complexidade do desenho de uma galáxia.

- **Um propósito:** procure que aquilo que você fizer se encaixe em algo superior. Sim, facilitar o bem-estar de outros incide diretamente no seu próprio bem-estar. Curiosamente, quanto mais uma pessoa dá, mais sente que tem e, sobretudo, que é. Torne-se realmente bom naquilo que você ama fazer. Seja o melhor nisso.

- **Viva o presente:** enquanto se lembra do passado, o presente se perde. Enquanto se teme ou se anseia pelo futuro, o presente nos olha como uma noiva plantada no altar, dando batidinhas no chão com a ponta do pé com os braços cruzados. Planeje, mas beba o presente.

3

Quem realmente decide?

Você.

Sim, você. Não olhe para trás.

Ninguém mais.

"É que, se eu não for trabalhar, vão me despedir." Exatamente: você decide ir porque precisa do dinheiro, ou quaisquer outros motivos para ir a esse desagradável escritório.

"É que, se eu romper com meu casamento, vou ficar só." É verdade: considere se é amor isso que você sente (uma mistura de paixão sensual, apego e carinho) ou se está prolongando artificialmente a sua relação só porque estão juntos há dez anos.

"É que, se me dedicar ao que gosto de verdade, terei de recomeçar do zero, e já tenho uma boa carreira profissional." Avalie se os seus amigos se lembrarão de você por ser tão perseverante em aguentar uma vida que não o preenche.

❖ ❖ ❖

Se um indivíduo sente inveja do sucesso do outro, não é culpa desse outro que a inveja tenha surgido. É o invejoso que deve olhar para dentro de si para desenterrar o gérmen desse sentimento limitante pelo qual a sua concepção de igualdade passa por estabelecer um nível igualmente *baixo* para todos.

Se um indivíduo sente ciúme quando ouve que o seu parceiro fala com interesse de outra pessoa, esse ciúme não é responsabilidade desta última. É o ciumento quem deve pôr o dedo na ferida da sua insegurança e canalizar os sentimentos que restringem as suas decisões racionais. O amor abraça suavemente com seda, não acorrenta a ferros.

Se você sente medo diante do desafio de empreender, não culpe a greve, a recessão, o governo, os especuladores pelo quão terrível está o mercado. É o próprio indivíduo quem deve buscar em seus medos e desculpas particulares a razão para não dar o passo de agir, de empreender.

Se você sente medo diante das mudanças, não se refugie na crença de que o Universo foi criado para tornar a sua vida impossível. É o indivíduo quem deve perder o medo de errar e sofrer em uma vida por si só efêmera, fugaz e que termina da mesma forma para todos.

Olhe para fora, culpar o outro é fácil. Sempre se encontram boas razões para se ter razão.

Olhar para dentro é o mais corajoso: responsabilizar-se por si próprio, sem carregar culpa nem se vangloriar, essa é a semente da sabedoria.

Escolha o fácil ou o audacioso.

É uma decisão muito simples. As consequências são muito díspares.

4
Voltar às origens

As crianças, tão logo começam a caminhar, demoram umas poucas horas para correr. Mas os pais logo as advertem: "Não corra, você vai cair". Ou seja, "não faça o que é natural, porque vai se machucar". Posteriormente, continuamos ensinando-as a não experimentar ("Não pinte fora da folha"), a renunciar a toda possibilidade de dor ("Querido, temos que presentear nosso filho com um tablet, senão ele pode ficar traumatizado"), pois a nossa sociedade marca tanto a dor como a experiência do fracasso, do risco, da insegurança, valores inaceitáveis do lado da moeda que preferimos ignorar. E, sendo assim, inculcamos isso em nossos filhos, dia após dia, ano após ano. "Cuidado. Você vai se machucar. Eu lhe disse. Faça o que digo." Até que uma manhã, sendo pré-adolescentes, deixam por fim de correr (riscos).

Objetivo cumprido.

Talvez não devêssemos nos surpreender quando, depois de adultos, nos tornamos tão rígidos diante de qualquer mudança. Que preguiça de se mexer.

Nossos primeiros antepassados *sapiens*, há duzentos mil anos, viviam em tribos, eram caçadores-coletores, ou seja, mudavam-se em grupo para onde estava a comida, a água e um bom clima. Uns dias de acampamento e "Ei, vamos nos mexer, garotada". Tudo era compartilhado, e não por altruísmo, porque um Auditor Universal tinha mandado ou por acreditar no carma, mas porque era a forma de subsistência mais efetiva e eficiente. E quando dizemos tudo, era *tudo*. Tudo.

O conceito de posse era visto com receio, pois podia colocar em perigo toda a tribo. Em consequência, adeus, medo da escassez; adeus, ciúmes; adeus, inveja; adeus, ressentimentos; adeus, guerras com o vizinho pelo território... Porque nesse território não havia fronteiras para defender. Está certo: talvez nos desagrade pensar que eles comessem quilos de insetos (muito saudáveis os gafanhotos, pura proteína, zero gordura), mas, por essa mesma razão, eles possivelmente se surpreenderiam ao ver-nos comer um pedaço de bovino no McDonald's. Questão de hábitos.

Levemos isso em conta. Devido aos nossos hábitos, nos instalamos, nos encostamos onde temos um contrato indefinido ou eventual, uma hipoteca ou crédito no armazém da esquina.

"Como podemos ir embora agora?", mais de uma pessoa pensaria.

❖ ❖ ❖

Entre os nossos antepassados *sapiens*, a educação da tribo estava orientada ao êxito da tribo, como caçar antílopes sem armas (perseguindo-os por quilômetros até morrerem enfraquecidos), como interpretar os excrementos de bisonte, como conseguir água cortando talos, como se proteger do frio, quais plantas eram fatais e quais levavam a ver diamantes no céu.

Ao contrário, o nosso sistema educativo "moderno" tem como objetivo último e principal a fabricação de operários hiperindividualistas, em série, seja na linha de montagem ou na escrivaninha em nogueira, que trabalharão para os donos de terras e os colossos das finanças.

Não, talvez não esteja tão claro que esta sociedade seja muito melhor. Avançamos de verdade no nível pessoal? Como seres humanos?

Pense nisso: guerras, antidepressivos, corrupção, obesidade, fome, alcoolismo, abusos...

❖ ❖ ❖

Por tudo isso, há muitos indivíduos rebeldes, agentes latentes da mudança, que lutam por trazer à tona e dinamitar esses paradigmas assentados durante décadas.

Exemplos disso são a estratégia de compartilhar recursos entre empreendedores; a educação dos filhos em casa à margem do circuito educativo institucional; retorno à alimentação integral não processada ou artificialmente enriquecida; relações não exclusivas entre casais; o cuidado de crianças em novas unidades multifamiliares; simplicidade e substituição do gasto diário de coisas em favor de vivências; adoção de um estilo de vida mais lento no qual menos é mais; repovoação de vilarejos abandonados; (re)criação de economias baseadas na troca de artigos ou de tempo; saturação de qualquer figura de autoridade limitadora e questionamento da representatividade da democracia oficial.

Esses modos de atuação brotam de forma consistente em campos além da Zona de Conforto, fora do *estabelecido*, à margem *do que deve ser*.

Alguns o taxarão de ousado, de desconcertante e inclusive de anárquico. Mas, na realidade, é a maneira pela qual a nossa natureza humana sempre encontra, por fim, o seu caminho para se manifestar como realmente *é*.

Esses exemplos espontâneos (e apoiados pela força monumental da internet) de cooperação, de simbiose, de iniciativa, de engenho, de metas para o bem-estar geral, de compartilhamento de recursos nos mostram que o círculo gradualmente começa a se fechar depois de séculos de insensatez, esbanjamento, abuso de um sistema de crescimento baseado em preceitos meramente econômicos sustentados por uma feroz competição que já não é bem-vinda pela imensa maioria dos indivíduos.

As incontáveis tribos de empreendedores de projetos únicos estão se unindo para cuidar de si mesmas e oferecer refúgio a quem não aceita o sistema ou é expulso do mesmo: de crianças brilhantes (todas são) com péssimas qualificações *oficiais* até profissionais e agentes livres fora da lei da escala corporativa, passando por aqueles criadores de inovação que aglutinam novas comunidades de pioneiros de ideias que abrem caminho em um mundo que os respeita.

Os sinais estão aí.

Voltamos a arriscar. Voltamos a experimentar. Voltamos a nossas origens.

5

Não nos enganemos: adoramos nos enganar

É inevitável: julgamos pelas aparências.
A legislação e a educação buscam unificar as percepções que temos do nosso meio para sermos socialmente (e politicamente) aceitáveis, o que é, simplesmente, contra a natureza.

As enormes limitações dos nossos sentidos (com nossos olhos e ouvidos vemos e ouvimos espectros de onda muito curtos) mais a preguiça dos neurônios para analisar as coisas em profundidade nos obrigam a estar permanentemente interpretando, discriminando e, em incontáveis vezes, *julgando* tanto as coisas quanto as pessoas que nos rodeiam. Daí a dificuldade (ou será a impossibilidade?) intrínseca de um desempenho impecável dos profissionais do objetivo: juízes, mediadores, médicos, jornalistas, professores, árbitros...

Dependendo do nosso grupo étnico, do nosso status social, nacionalidade, vestimenta, local de trabalho, orientação sexual, gênero, atrativos físicos, absorvemos em milésimos de segundo as primeiras impressões e automaticamente classificamos (e nos classificam) em "caixas" e compartimentos conforme aquilo previamente conhecido ou experimentado. "Este é (*introduza aqui a filiação política, religião, sotaque*), portanto é (*agregue o epíteto*)."

Dessa forma, agimos constantemente com uma infinidade de preconceitos, muitos dos quais são inúteis, limitadores e errôneos. O paradoxal é que, de fato, *necessitamos* dessa enorme quantidade de preconceitos e assunções para poder viver normalmente: não podemos processar e interpretar de forma consciente todos e cada um dos pensamentos e percepções dos nossos sentidos em nosso dia a dia porque nos seria impossível sequer dar um passo.

Por isso um dos objetivos subjacentes ao sistema educativo é sem dúvida alguma estéril: evitar que façamos essa discriminação e interpretação. Inculcar um pensamento único e politicamente correto nos alunos é como tentar ensinar um esquilo a colocar ovos.

De fato, com frequência se repreende, se castiga ou se prende um indivíduo quando ele interpreta (ou pior, verbaliza) o que *não deve* em relação a seu meio.

Como se isso não bastasse, esse objetivo explícito dos sistemas educativos atuais, na maioria das vezes, abandona o terreno para a aparição de um subproduto, uma emoção particularmente paralisante: *a culpa*. ("Como [pré]julgar é moralmente reprovável e eu [pré]julgo, então eu sou moralmente reprovável.") Esse foi, é e será um dos instrumentos de manipulação mais efetivos da História.

Como consequência, no lugar de inculcar como é *ruim* interpretar, avaliar, julgar, talvez seja mais prático ensinar crianças e adultos a *aceitar* o outro.

Você não tem por que gostar desse outro. Mas aceitar esse indivíduo em sua singularidade freia um dos mecanismos de bloqueio mental mais presentes em nossas cruéis guerras: o *ressentimento* ao constatar que essa pessoa, coletividade, cidade, país não é como *deveria ser*. Como é diferente, é digno de ódio.

A paz sustenta-se quando aceitamos o outro tal qual é.

E quando deixamos de julgar o que *deveria ser*.

6
Viver não é sobreviver

O *Homo sapiens*, tribal, cooperativo e simbiótico, é geneticamente mais "nós mesmos" do que o feroz artifício capitalista do *Homo economicus*, que se degrada humana e socialmente em sua solitária luta contra os demais pelos recursos disponíveis (comida, espaço vital, companheiros).

E, enquanto isso, as empresas e corporações investem milhões em treinamentos e cursos para *lembrar-nos* como trabalhar em equipe em projetos de gestão da mudança, um eufemismo que, em inúmeras ocasiões, oculta a aceitação de que os empregados irão boicotar qualquer decisão que os dirigentes proponham cujo objetivo último seja que estes recebam uma recompensa maior.

A divergência entre quem somos versus o que querem que sejamos gera uma das razões mais poderosas da existência do *coaching* e de todas as iniciativas que potencializam o desenvolvimento pessoal. Enquanto o autêntico *Homo sapiens* se lança a empreender junto à sua tribo a manifestação pessoal e material de algo que, no momento, só existe no jardim secreto dos seus sonhos, o *Homo economicus* acabará trabalhando para pagar dívidas, muitas das quais procederão de um desejo latente ou explícito de, paradoxal e cruelmente, fugir (física ou figuradamente) do empregador, que lhe dá de comer: melhores férias, *brinquedos* mais caros, bairros mais exclusivos, automóveis mais modernos. Talvez o salário não alcance, por elevado que seja, mas o banco sempre estará disposto a dar uma mão para se assegurar de que compramos aquilo que sabemos que merecemos.

É então que chega o dia em que acordamos e nos tornamos conscientes de que vamos trabalhar a cada manhã, basicamente, para ter um salário para continuar sustentando os gastos mensais de subsistência mais os nossos pequenos ou grandes caprichos e mais os juros daquelas férias memoráveis que dez meses depois seguimos pagando ao banco.

Talvez não tenhamos mais opção: temos de ir, sim ou sim, para esse trabalho, aguentar o congestionamento diário, espremer-nos no ônibus, reunir-nos durante horas para tomar decisões que precisariam de minutos, tentar ficar motivados os restantes 29 dias do mês em que não estamos recebendo.

Gostemos ou não desse trabalho. Gostemos ou não dessa empresa. Gostemos ou não dessas reuniões ou desses congestionamentos.

Isso é viver ou somente sobreviver?

7

Quanto mais nos entregamos, mais somos

Há um seriado para crianças (*Pocoyo*) a que é possível assistir gratuitamente na internet. No entanto, o faturamento da empresa dos criadores desse seriado através do merchandising é estratosférico.

Para um apaixonado por música, baixar um aplicativo gratuito como o *Shazam* em seu iPhone é como o néctar dos deuses. Néctar que somente poderá ser degustado ao comprar, por uma cota mínima, a versão premium.

Ainda que pareça contraintuitivo, entregar grátis o que se produz é justamente o que pode acabar atraindo clientes.

Esse cenário é particularmente efetivo quando esse trabalho, essa produção, procede do que realmente gostamos de fazer. Ou seja, quando é uma projeção material da sua própria entidade como pessoa. Uma meta que, enfim, será mais simples de materializar longe das pressões de um *Überchefe* em um trabalho assalariado.

Há modelos de negócio nos quais não há intercâmbio monetário: se gostar do meu produto, não pague se não quiser ou puder, mas viralize-o no Facebook, no Twitter ou em seu blog.

Há artistas que inclusive fomentam a pirataria justamente porque sua renda principal não procede da venda das suas produções, mas dos eventos associados (concertos, associação a fã-clubes, publicidade em suas páginas web, produtos licenciados etc.).

Obviamente, esse mecanismo está aberto ao abuso: há clientes que podem usar um bom número de serviços sem pagar nada pelo trabalho do outro. Existe uma linha muito fina entre experimentar um produto e abusar dele, como um convidado comilão num casamento a quem ninguém, nem sequer os noivos, jamais viu na vida.

De fato, talvez eu esteja entrando agora num escorregadio terreno da ética, mas vou me expor. Se uma pessoa gosta de um documentário indiano a que conseguiu assistir pirateado, talvez adquiri-lo legalmente seja um ato de reconhecimento de um trabalho bem realizado que a satisfez, lhe proporcionou algo de que antes não dispunha: uma experiência, um pensamento, uma ideia, um entretenimento.

Mas e se você não tem o dinheiro para adquiri-lo? Então, viralizá-lo é um bom método de pagamento: ao passar a informação, o gerador do produto pode criar uma plataforma de seguidores que o levará a melhorar ainda mais a sua oferta, o seu serviço.

8

Quem tem a última palavra?

Às vezes, aprender dói, cria feridas.
A humildade de receber, ver, escutar o *feedback* dos que estão ao nosso redor (amigos, família, clientes, fornecedores) é determinante.

Ter a autoconfiança de saber o que nos serve e descartar o que não é útil para nós sem nos sentirmos atacados é uma questão de prática.

Quando alguém inicia um projeto novo (e, sobretudo, se esse projeto é particularmente inovador), o habitual é que em seu círculo de relações pessoais existam pessoas que discordem, desaconselhem ou, diretamente, dinamitem a sua iniciativa. É normal. No final das contas, estamos saindo da Caixa, onde nos têm arquivados no cérebro desde que nos conhecem e agora as estamos deixando desorientadas.

E ninguém gosta de estar desorientado. E muito menos de admitir isso.

Mas não se preocupe com elas: logo se acostumarão à nova situação. Não estranhe se, de fato, nem sequer você tiver tão claro qual é essa nova situação. Afinal de contas, o seu novo projeto ainda está em construção: "Desculpem os transtornos, estamos em obras".

Portanto, não se amedronte. Exponha-se de uma vez à profusão de negações que todos os "negadores profissionais" lhe oferecerão com prazer: "Não, assim não, isso não, não dá".

Pegue-as conforme forem sendo apresentadas e agregue "ainda" ao final.

"Não... ainda, assim não... ainda, isso não... ainda, não dá... ainda." E é então que será necessário voltar à mesa de projetos para idealizar, criar, materializar o seu "agora sim" particular.

"E se todos não fazem nada além de me colocar freios?"

Então pese se talvez você deva renovar o seu círculo de relações, avaliando se as que você tem agora são um apoio ou uma amarra.

Não se negue a si mesmo. Não é o projeto deles. É o seu.

O restante das opiniões é apenas isso, opiniões. Você decide se têm valor para o seu projeto. Ou se são diretamente irrelevantes.

E se elas não vão servir para você criar soluções, então possivelmente estejam lhe criando problemas.

Quem tem então a última palavra?

9

Se não importa para você, não importa para ninguém

Um empreendedor de muito sucesso me falava, enquanto comíamos juntos num avião, que, no começo, ninguém lhe dava "a mínima bola". Ninguém comprava dele. Ninguém lhe fazia pedidos. Esteve a ponto de jogar a toalha inúmeras vezes.

Mas agora que as coisas vão bem, e muito, todos lhe demonstram admiração, se aproximam dele e quase se diria que o veneram.

Sim, é difícil começar quando não temos apoio.

Sim, é difícil subir quando há quem, muito contente, vai colocando pregos nas suas rodas.

E, sim: é difícil manter-se no topo sem saber quem o apoia de verdade.

Mas, é claro, é muitíssimo melhor do que estar por baixo.

10
Entrando na Zona

Dormir é vital. Sim, parece óbvio, mas a realidade é que poucos dormem o tempo de que o nosso corpo precisa de verdade. E o que ele precisa *de verdade* é o tempo que transcorre entre irmos para a cama antes da meia-noite e a hora em que o cérebro desperta sozinho na manhã seguinte, sem relógio externo para lembrá-lo. Nesse tempo para dormir, é preciso acrescentar algo em torno de meia hora depois do almoço. É o que o nosso ritmo circadiano determina.

São dois tipos de sono diferentes: o da noite é reparador (cura feridas físicas e emocionais, reconstrói tecidos, dissipa medos, areja desejos – através dos sonhos – e consolida aprendizagens – novos caminhos neuronais) ao longo de períodos de duas a quatro horas por noite. Algumas dessas fases do sono são tão profundas que fracassariam as tentativas do seu companheiro de leito de entreter a sua madrugada com uma sonata de vuvuzela.

O sono da sesta não é tão profundo e prolongado, pois funciona mais como uma recalibrada da bateria, enquanto o descanso noturno seria uma autêntica recarga. Essa é a razão pela qual muitos se sentem mentalmente confusos ou mal-humorados quando dormem uma sesta muito longa.

Mas há um ponto, há um espaço em ambos os sonos em que o processo criativo é particularmente fértil. É nesse estado de paraconsciência no qual não se está desperto nem se está dormindo, em que não se está nem preso ao ego (minhas crenças, minhas limitações, meus entraves, minhas regras...), nem completamente entregue aos braços de Morfeu.

❖ ❖ ❖

Há ocasiões nas quais um determinado problema ou questão que requer criatividade nos deixa paralisados, bloqueados, de tanto insistir nele. Mesmo que pareça contraintuitivo, esqueça-se dele, mas delegue-o ao subconsciente. Trata-se de uma técnica interessante. E muito efetiva.

Deite-se num quarto completamente escuro, com um papel e uma caneta na mesinha de cabeceira e, na manhã seguinte (ou depois da meia hora da sesta), assegure-se de que não precisa sair com pressa ou checar os últimos e-mails.

Quando a sua mente estiver despertando, mantenha os olhos fechados, permaneça quieto e deixe-se transportar para esse lugar de semiconsciência no qual tudo vale e nada é julgado, para essa zona onde as respostas ainda não pensadas tornam-se prováveis, e as prováveis tornam-se possíveis. Não busque as respostas: somente saia do caminho e deixe que elas o encontrem.

Tente isso durante várias noites. Em menos de uma semana, você terá tantas opções novas escritas no papel da mesinha que, a partir de então, terá um dos melhores problemas que uma pessoa pode ter...

Poder escolher.

11

O que aparenta ser não necessariamente é

Um rito ou um símbolo não definem a vida que existe atrás deles. Mas nós, humanos, adoramos os ritos devido à simbologia que lhes conferimos e porque eles simplificam a nossa vida ao ter que investir menos tempo para determinar a resposta para perguntas do tipo: "Quem manda aqui?".

Sim, o nosso cérebro é preguiçoso: embora componha unicamente menos de dois por cento do nosso peso corporal, consome cerca de 20% da nossa energia. Portanto, qualquer economia de energia (de glicose) que nos permita um atalho na interpretação do nosso ambiente será sempre bem-vinda.

Um título de distinção, um tratamento protocolar, algumas medalhas, um cartão de visitas, sapatos de grife são símbolos, mas nada mais. Quanto mais grandiloquente for o conteúdo que investimos num símbolo, ou num rito, mais autoridade costumamos conferir a quem foi investido com ele.

Há aeroportos nos quais, na zona de scanner de bagagem de mão, por razões de segurança, os agentes devem selecionar aleatoriamente determinados indivíduos para uma revista particularmente detalhada da sua bagagem. Perceba bem como estão vestidos os que essa "aleatoriedade" escolheu para serem revistados.

Não, não os encontraremos na fila de passageiros VIP ou da classe executiva.

A seguinte frase é atribuída a Einstein: "É preciso simplificar as coisas o máximo possível, mas não demais". Conforme o bom critério desse gênio aponta, essa peculiaridade da análise humana, numa infinidade de ocasiões, é levada longe demais devido às supostas virtudes que inferimos que esse indivíduo revestido com um símbolo hierárquico deve ter.

Às vezes, as consequências desse comportamento dos seres humanos são desastrosas: a Segunda Guerra Mundial e seus cruéis "ismos", tenham sido eles de uma cor ou de outra, teriam sido impensáveis sem uma população civil que obedecesse aos imperativos que vinham de cima, como é demonstrado e analisado na obra de Goldhagen sobre a consolidação do nazismo* ou pelo próprio desenvolvimento dos Julgamentos de Nuremberg de 1945 e 1946 dos hierarcas nazistas que foram capturados pelos aliados.

É também frequente constatar que as discussões entre duas pessoas com posições díspares acabam degradando-se em argumentos sustentados por tons de voz elevados. Inconscientemente, tem-se a impressão de que se uma pessoa afirma algo com particular contundência (ou alguns decibéis acima do socialmente aceito) é porque essa pessoa sabe do que está falando, tem um conhecimento superior ou, simplesmente, maior credibilidade. Por isso, as discussões aos gritos são mais comuns entre semelhantes, ou seja, entre aqueles em que não há nenhuma relação vertical de autoridade ou que ocupam o mesmo nível. O fato de levantar a voz pretende marcar essa superioridade da qual estamos falando.

---

* Ver *Os carrascos voluntários de Hitler* (Companhia das Letras, 1997).

Pior ainda, em outras ocasiões, inferimos que o outro tem a razão simplesmente porque outra pessoa diz. Quantas vezes não teremos mudado as nossas respostas nos exames da escola ao ver que o nosso colega de classe tinha respondido algo diferente.

Dependendo das circunstâncias e da nossa própria bagagem de temperamento, por mais certeza que possamos ter em muitas ocasiões, às vezes falha a fé em nosso próprio conhecimento quando vemos que alguém ao nosso redor tem uma resposta diferente, mas solidamente defendida, por menos efetiva que seja. Um exemplo trágico pode ser visto depois dos atentados de 11 de setembro em Nova York: houve pessoas que renunciaram ao seu instinto natural de abandonar as Torres Gêmeas depois do impacto dos aviões porque outras, com autoridade formal, opinaram que o melhor era permanecer em seus locais de trabalho aguardando que as forças de segurança e os bombeiros os evacuassem ou dessem instruções de como agir. Algumas pessoas obedeceram a essas indicações talvez induzidas por uma linguagem verbal e corporal transmitida por uma figura impregnada da autoconfiança e da tranquilidade às quais um indivíduo procura se apegar depois de um choque de tamanha magnitude. O comovente final, a consequência dessa interpretação errônea diante de uma situação crítica, todos vimos com horror na tela da televisão.

Uma explicação para isso pode ser a nossa tendência natural para a conciliação e o não conflito, a fim de preservar o ambiente de convivência pacífica da nossa tribo ancestral. O que significa que, inconscientemente, temos uma preferência congênita a fazer um mau acordo antes de embarcar numa boa guerra.

Há anos, foi levada a cabo nos Estados Unidos uma pequena experiência pela qual se comprovou que as pessoas que iam atravessar a rua ficavam paradas na calçada, mesmo que não houvesse carros circulando, até que o semáforo para pedestres estivesse verde... a não ser que uma pessoa vestida elegantemente com terno e segurando uma pasta de executivo começasse a atravessar durante o sinal vermelho, caso este em que as demais (de maneira escalonada, segundo o seu próprio grau de ousadia) atravessavam igualmente no vermelho.

Mas percebam que se a pessoa que atravessasse a rua estivesse malvestida, então o restante dos transeuntes ficava parado, criticando o louco irresponsável que desrespeitava o semáforo de pedestres.

Por outro lado, na controvertida experiência que lhe deu fama mundial, Milgram* constatou igualmente que as pessoas eram capazes de obedecer a ordens mesmo que entrassem em conflito com as suas crenças e valores pessoais, incluindo diretrizes de infligir dor a outros, sempre que essas ordens viessem de uma figura de autoridade conferida por um símbolo: uma batina branca, um uniforme ou um título de doutor.

Esse experimento demonstrou que a autoridade não nos é imposta *per se*: somos nós quem a investimos a outros indivíduos. Não há chefe se não houver seguidores. Não há líder se não houver equipe. A hierarquia, se você observar, só tem sentido em um ambiente de saturação de população e escassez de recursos, com o propósito de organizar e distribuir o que existe entre os que existem, e não necessariamente do modo mais equitativo.

---

* Ver a sua obra *Obediência à autoridade: uma visão experimental* (Francisco Alves, 1983) ou o filme *A experiência* (2002), dirigido por Oliver Hirschbiegel, inspirado parcialmente na ampla sombra dos descobrimentos de Milgram (se bem que com um final substancialmente mais truculento).

É primordial, pois, que revisemos a quem estamos delegando (ou pior, entregando) a capacidade de decisão sobre o mais relevante em nossas vidas.

Mude o cenário, a situação, e você comprovará que em pequenos grupos humanos a figura de autoridade é completamente desnecessária. Sem voltar muito no tempo (em termos de existência do Universo), há uns 200 mil anos o ser humano vivia em ambientes de cooperação tribais. A mediação nesse contexto era o trabalho básico do líder: somar esforços para conseguir mais alimento e maior proteção para todos. Ou seja, aumentar o tamanho do bolo, em vez de lutar ou aniquilar os outros atrás do último pedaço.

12

Caminhos diferentes: mesmo destino

A evolução da nossa espécie, em poucas linhas, transcorre do momento em que algum dos nossos antepassados decidiu descer da árvore onde dormia a sesta, erguer-se sobre os pés e caçar animais (isto é, proteínas) correndo atrás deles até que caíssem extenuados.*

Estes eram os caçadores-coletores de quem já falamos. Pegavam o que precisavam (não o que desejavam) da natureza que os rodeava com um mínimo impacto sobre a mesma. Tanto mulheres quanto homens cooperavam em igualdade absoluta de condições. A paternidade oficial dos poucos filhos do grupo era irrelevante, pois as relações íntimas eram consideradas não somente com fins reprodutivos, mas de relação social entre os membros da tribo. A prole, portanto, era criada por todos os adultos e lhe eram inculcados modelos de integração e cooperação em prol da própria sobrevivência e do grupo.

Trabalho? Poucas horas a cada dois dias e, *voilà*, uns quantos quilos de insetos superproteicos para nutrir a tribo. Quando faltavam recursos, levantavam o assentamento sempre provisório e se deslocavam para terrenos mais abundantes de alimentos.

---

* Não há outro animal na Terra que compita por diversão correndo ultramaratonas de até 24 horas seguidas. Notem que as crianças, desde que começam a caminhar, começam a correr. Não, o nosso lugar natural não é acorrentados a um escritório.

Nada por que se preocupar em termos de supérfluo, nada para armazenar e pouco para levar consigo.

Posteriormente, há uns 12 mil anos, descobrimos que por motivos climáticos (longas estações secas) e, quem sabe, inclusive por preguiça (devido a isso de sair correndo atrás de antílopes uma vez por semana, o que nem sempre agrada) algum desses antepassados teve a ideia de inventar a agricultura. E, com ela, o trabalho de sol a sol em terras delimitadas das quais não podiam se mudar, pois requeriam um cuidado diário e intensivo; e junto com a agricultura veio a domesticação de animais que, devido à convivência com eles, amavelmente começariam a transmitir uma bateria de doenças que até o momento eram estranhas ao nosso sistema imunológico.

Em outras palavras, começamos a alterar a natureza, substituindo uns problemas por outros (é preciso construir um chalé avulso, nada de dormir debaixo da árvore), criando outros novos (e se cai uma tempestade de granizo e acaba com a minha plantação?), e, desde então, passamos a nossa existência tentando procurar soluções para esses problemas.

De passagem, começamos a conjugar o verbo "preocupar-se".

De fato, o avanço nas técnicas de agricultura trouxe consigo a possibilidade de armazenar o remanescente não consumido da produção. Por sua vez, essa nova possibilidade deu origem, se me permitem a ousadia, a três novas emoções:

a) O medo do vizinho esperto e preguiçoso.
b) O ressentimento/inveja desse vizinho.
c) O desejo de se proteger de tal vizinho.

Passaram os anos e descobrimos que a melhor maneira de salvaguardar "o que é meu" era criar limites, proteções e cercas. Mas isso não bastava. Também era fundamental assegurar que, no futuro, o trabalho e, sobretudo, o fruto do meu trabalho nos meus ativos (campos e currais) ficariam na minha casa, na minha família, com os meus filhos.

E foi quando começou a fazer sentido (?), sustentado pelo crescente poder da sociedade moderna e dos valores inculcados pelas crenças religiosas de cada época, falar de casamento tal como o herdamos em nossos dias: *minha* mulher deve ficar na *minha* casa, cuidando exclusivamente da *minha* estirpe genética para que os *meus* filhos recebam os *meus* bens. De fato, na nova sociedade de machos alfa, a mulher viu-se forçada a abandonar o seu papel de igualdade para ser confinada a uma única missão: conceber os herdeiros que no futuro receberiam, administrariam e multiplicariam o patrimônio forjado pelo homem.

Uma missão, certamente, a cuja superação muito gradual ainda estamos assistindo em nossos dias.

Depois de séculos de fome e de sucesso parcial da agricultura, com uma curtíssima esperança de vida, os avanços da alimentação e da medicina permitem que hoje voltemos a contar, de novo, com mais anos de existência. Até bem pouco tempo, em termos relativos, tínhamos uma vida equivalente à de uma traça: nascer, crescer, reproduzir e fenecer. Não é muito estimulante, é verdade. Salvo, talvez, pelo terceiro item.

Mas, na atualidade, chegamos a um ponto em que, de repente, sobram três, quatro ou cinco décadas de vida uma vez que já tenhamos passado nossos genes à nossa estirpe. E então começamos a nos perguntar o que fazer com tanta vida pela frente.

E começamos a perguntar o que significa a vida. Para que estamos aqui. Quem somos nós. Realmente.

Diferentes campos do conhecimento humano dão respostas distintas a essas perguntas.

A neurociência sustenta que estamos compostos de:

a) Um pacote genético específico depositado em nosso DNA por parte dos nossos progenitores (por sua vez, herdado dos nossos avós e assim sucessivamente).
b) Experiências, isto é, nossa educação, nossas vivências, nossas relações sociais, nosso ambiente.
c) Nossa capacidade de reflexão, ou seja, de analisar, sintetizar ou inovar diante da percepção da realidade que nos rodeia.

Deste modo, enquanto a realidade segue como é, sem mais epítetos, nossos a), b) e c) retroalimentam as nossas próprias percepções sobre como interpretar essa realidade, numa perpétua e permanente interação:

realidade → percepção → realidade

O que às vezes dá lugar a pensamentos como este: acho que não mereço esta promoção → portanto me comporto sem ambição ou assertividade → não sou promovido → confirmo o que eu suspeitava: não mereço essa promoção.

E assim ocorre com todas as nossas crenças, tanto as que limitam quanto as que expandem a nossa existência.

A filosofia, por sua parte, responde com construções mentais díspares, mas que dão respostas parecidas para as mesmas questões.

Nesse sentido, uma das respostas filosóficas de maior alcance histórico foi o arquiconhecido "conhece-te a ti mesmo" do templo de Apolo na antiga Delfos grega. Não obstante, e curiosamente, uma vez bem desnaturalizada e tergiversada, essa máxima filosófica – análoga, no fundo, aos postulados da neurociência – transformou-se numa das maiores desculpas que dão os que intuem que devem realizar mudanças em suas vidas: o proverbial "é que eu sou assim". Com essa simples desvalorização do verdadeiro autoconhecimento e a sua conseguinte negação de toda mudança profunda, tais indivíduos continuam mantendo posições não efetivas, mas conhecidas, antes de empreender novas rotas talvez melhores para as suas vidas.

Nietzsche, por sua vez, nos lançou um "revela-te a ti mesmo"*, o equivalente ao que em psicologia denominam de "introspecção": a capacidade de analisar, extrair, extrapolar, antecipar, projetar o futuro, o que nos acontece, isto é, submeter a exame a nossa relação conosco mesmos e com os demais, com o nosso ambiente.

Finalmente, o filósofo dinamarquês Soren Kierkegaard aventurou-se num enfoque existencialista muito valioso. O seu "constrói-te a ti mesmo" poderia ser interpretado como um convite a empregar alguns dos 30 bilhões de neurônios** para encaixar, peça por peça, o que poderia ser o nosso melhor *eu*.

---

* Talvez a versão com "b" ("rebela-te a ti mesmo") também possa ser motivo de exploração por mentes inquietas.

** Equivalentes a cem bilhões de páginas; para que logo em seguida digam que é impossível aprender a Tabela Periódica.

Um eu que possa ser o que desejarmos e com os traços nos quais concentremos a nossa energia, o nosso tempo, as nossas ações, conhecimentos, aprendizagens e relações.

"É que eu sou assim...", dirão alguns.

Tem certeza?

13

Cara ou coroa. Ou invente outra moeda

Um estudante de *coaching* me contava que uma das pessoas com quem praticava estava paralisada diante de uma decisão vital: aquele tipo de dilema no qual já não há como voltar atrás de um sim ou de um não. Percebe? Casar, ter filhos, mudar para outro país, demitir-se do emprego são decisões que se apresentam diante de nós como cruzamentos cruciais de caminhos sem retorno e com consequências dramáticas, sem dúvida, se errarmos na escolha.

Dito de outra forma: uma mulher não pode ficar "um pouco" grávida, assim como não se pode pegar um avião pela metade.

Num processo de *coaching* (e fora dele), se as opções "a" e "b" não são ótimas, então é preciso encontrar uma terceira, ou todas as outras que forem necessárias. Uma vez que superamos a nossa paralisia (que é o que fazemos quando fritamos o cérebro por ficar remoendo as coisas) e começamos realmente a analisar com método e distanciamento, é comum constatar que as decisões "a" ou "b" no final acabam caindo por seu próprio peso. A fruta fica madura no seu tempo, não importa a quantidade de água ou fertilizante que coloquemos na árvore. Claro que, enquanto essa fruta amadurece, o agricultor não se descuida do resto do pomar.

É possível que você não concorde comigo sobre a seguinte afirmação, mas me aventuro a expô-la da mesma forma: sim, os desejos se realizam.

(E, não, não toquei no frigobar do hotel onde estou agora, eu juro.)

O pequeno problema é que desconhecemos como, quando e de que forma se manifestam esses desejos. Em outras palavras, podemos desejar coisas concretas, trabalhar por elas intensamente, nos mexer, discutir, agir em prol delas e com fé que vamos conseguir. Mas, em última instância, somente somos responsáveis pelo que dizemos e fazemos nesta vida. Nada mais.

Lembre se não aconteceu assim: paradoxalmente, aquele grande desejo materializou-se na sua vida quando já não o desejava. Você aspirava tanto àquela oferta de trabalho e, quando lhe oferecem um cargo em outro lugar, o chamam para a primeira. Você andou tanto atrás daquela pessoa tão atraente e estimulante (e que o ignorava tanto) que, quando construiu a sua vida com outra, aquela primeira, de repente, parece mostrar um grande interesse por você. Tantos anos estudando obcecadamente algo na certeza de que serviria para a sua carreira e, de uma hora para outra, por uma reviravolta da vida, decide fazer uma mudança radical que acaba sendo melhor do que teria previsto em seus mais loucos sonhos de estudante.

Paradoxalmente, o livre-arbítrio pode transformar-se num doce de sabor amargo: opções demais para escolher, a ausência de limites, os muitos caminhos também absorvem toda a energia como um buraco negro no espaço. Não somos feitos para que nos restrinjam a liberdade. Mas tampouco para muitas alternativas.

Nossa mente processa bem um número limitado de opções. Entre elas, substituir um problema por outro. De forma que passamos da situação de não ter alternativas para a de ter muitas.

Force-se a pensar fora do estabelecido em seu ambiente. Saia lá fora e rompa com as coisas que estão pedindo aos gritos para serem rompidas.

Se nenhuma das opções lhe convier, seja implacável consigo mesmo até criar outras.

Fale com um *coach*, com um amigo, com um líder, com uma pessoa que goste, não, melhor, com uma que adore romper com os modelos.

Não deixe de criar objetivos (e de acreditar neles). Comece agindo pequeno, mas pensando grande.

E diferente.

14

Quando o que segue o louco é o mais sensato

Talvez os *coaches*, formadores, consultores, empresas, organizações estejam obcecados em criar, exaltar e explorar a figura do líder quando, na realidade, esse tipo quase não tem quem o siga.

Há muitos que, quando veem uma pessoa tomando uma iniciativa (seja ela mudar radicalmente de carreira, mudar para outro continente ou dar a volta ao mundo de bicicleta), enxergam um maluco. E o veem como um louco porque, simplesmente, está sozinho. Ninguém mais quer fazer isso. E como essa pessoa está só, pensamos que está na contracorrente. Esse indivíduo está se soltando dos parâmetros padronizados de comportamento que trazemos desde pequenos. Por isso seguimos o deixando só.

Há seres para quem o risco de inovar, em diversas ocasiões, provoca incômodo, insegurança, receio.

No entanto, quando aparece uma pessoa que vai capinando o mato do desconhecido, ela é como um lembrete do heroísmo a que todos aspiramos desde que admirávamos nossos ancestrais caçando bisões de uma tonelada.

Por isso, às vezes, num dia qualquer, sem ruídos, sem fogos de artifício, sem fanfarras, um indivíduo abandona a comodidade e o calorzinho do seu sofá para levantar e investigar mais sobre esse maluco. Chama a sua atenção, retumba em seu interior aquilo que diz e faz essa pessoa-com-uma-mensagem-nova.

É possível que a coragem que esse pioneiro demonstra tenha tocado uma fibra emocional dessa primeira alma interessada. Talvez o seu exemplo seja o empurrãozinho que faltava para se animar a abraçar os seus próprios projetos. Essa pessoa interessada comemorará o seu pequeno descobrimento (não é todos os dias que conhecemos um pioneiro) e procurará compartilhar com outras pessoas, por considerar que ele trará um grande valor para as suas vidas.

E assim, de forma escalonada, a conta-gotas, mais pessoas interessadas nesse projeto se aproximarão desse que antes era um maluco, pouco a pouco, sem se arriscar demais, como quem põe os pés num mar desconhecido, tateando para ver se a água está muito fria.

E quando constatamos que o prêmio pelo nosso tímido risco de tocar os dedos dos pés nessas águas é muito maior do que esperávamos, o já não tão pirado começa a se transformar frente aos nossos olhos em uma figura admirada.

E, agora sim, ficou fácil: todo mundo quer estar com, ser como, aprender com essa figura admirada que antes era um maluco, que se pergunta que diabo mudou se ele segue, felizmente, sentindo-se um... maluco.

Por isso, quando taxarem você de insensato por empreender um projeto que ninguém havia tentado antes, que quebra os esquemas herdados das pessoas comuns engarrafadas no seu cotidiano, que provoca centelhas de confusão nos olhos dos seus interlocutores, incluindo os do seu círculo mais próximo, é que sem dúvida você está criando, inovando, abrindo um caminho, o seu caminho, no espesso matagal que o rodeia.

Talvez você perceba então, remoendo-se, que ninguém o segue.

É certo que será assim.

Deixe-os seguir pensando. Logo alcançarão você.

15

Esperar a inspiração

Mais cedo ou mais tarde chega o dia em que percebemos que aquilo que funcionou para nós durante anos já não traz os bons resultados de antes. Nosso trabalho não funciona mais. Nossa relação de casal não funciona mais. Nossa situação financeira não funciona mais. Nossa rotina não funciona mais. Que diabos, às vezes parece que tudo deixou de funcionar!

Chegando a esse ponto, há dois caminhos: deixar tudo como está, na esperança de que as coisas voltarão a ser como antes, ou fazer algo a respeito.

Em relação ao primeiro, tenho que lhe dar duas notícias, uma boa e outra má.

A má notícia: as coisas nunca vão voltar a ser como antes.

A boa notícia: as coisas nunca vão voltar a ser como antes.

Qual você prefere? A boa ou a má? Porque, de fato, parecem ser as mesmas, mas quem as torna boas ou más é você. Não é a situação. Não é uma divindade. Não é o seu vizinho.

É você.

E enquanto a contemplamos, elucidando se é uma notícia boa ou má, o tempo passa sem misericórdia em nossa dimensão, com o aval da física quântica e o gozo da indústria relojoeira. O que nos deixa com a temível decisão de ter de fazer algo a respeito.

Nesse ponto é que muitas pessoas falam que hão de encontrar *a ideia* para começar a empreender mudanças na vida, como se aguardassem o maná, essa verdade absoluta, revelada, para construir aquele negócio de sucesso, ter aquela relação construtiva, voltar para aquela profissão apaixonante, mudar para a cidade mais vibrante do planeta.

E enquanto aguardam que o céu se abra para eles, poucos parecem estar dispostos a mover um dedo, apesar de a alternativa de não fazer nada ser aparentemente obscura.

Que outro se arrisque.

No entanto, em muitas, muitas ocasiões, o que ativa a aparição dessas ideias maravilhosas é começar a agir quando, justamente, não temos muito claro o que fazer.

A vida, com frequência, se não sempre, nos propõe aproximações à nossa meta na forma de decisões, fatos aparentemente espontâneos e encruzilhadas ao longo da nossa rota. O que ocorre é que a vida não nos oferece sempre passagens num trem expresso com tal destino concreto e tal hora exata de saída. Ao contrário, nos oferece lugares num trem que segue um trajeto em que vai haver estações intermediárias, muitas ou poucas, evitando montanhas e rios, retrocedendo ou avançando, e sem avisar pelo serviço de alto-falante o quão longe ou perto estamos do nosso destino. Um momento ruim para ser impaciente.

Será então nossa a decisão de subir ou descer nas múltiplas estações, ou atuações, confiando que os diferentes trens em que embarcarmos nos levem à estação central que procuramos, mas sem *esperar* que façam isso. *Confiar* e *esperar* são duas coisas diferentes. A diferença entre uma e outra pode ser sintetizada em uma só palavra: ação.

Somente quando nos movimentamos é que nos livramos da rigidez, da imobilidade em que nos encontramos enlameados quando as coisas não funcionam mais. Só quando nos mexemos mudamos de atalaia, de sentido, de energia: conversando com os outros, trabalhando com os outros, sonhando com os outros, atravessando campos nunca antes explorados, desafiando o nosso cômodo (ou temeroso) estou-inteiro-de-volta. Só quando nos mexemos as ideias encontram a porta aberta para achar o seu caminho até nós. Não o contrário.

Isso é o que os viajantes da sua própria vida, não os que se encastelam nela, chamam de *inspiração*.

Não, não é preciso esperar que a ideia venha. Vamos buscá-la. Sem lanterna nem livro, nem bússola nem receituário, sem farol e sem amarras. Mas, ah, sim, vai ser ela que nos encontrará.

Acumule experiências, exponha-se, derreta o ferro das suas crenças, questione o seu modo de pensar. Não vá deitar sem expandir a sua mente, nem que seja um pouco, com uma ideia, uma pessoa, uma vivência, uma afirmação, um contato, um telefonema, uma pequena mudança num hábito que não funciona.

Desfrute da busca sem ficar obcecado com a meta. Não sucumba à hiper-racionalização. Não caia na armadilha de acreditar que temos algum controle sobre o que está à nossa volta.

Procure ideias *intermediárias* até que não possa mais. E somente quando estiver realmente exausto por não ter encontrado o seu destino, então, abandone-se. Saia do caminho.

Mas deixe espaço no assento ao lado.

Deixe espaço para que a inspiração encontre você.

16

Para que existem as regras?

Há regras que devem ser respeitadas. Prometa aos seus clientes menos do que você pode fazer e dê-lhes mais do que esperam.

Há regras que podem ser adaptadas. Para começar um negócio, não é preciso um capital inicial que provenha de um empréstimo asfixiante.

Há regras que devem ser evitadas. Ainda que a empresa em que você trabalha exija lealdade inclusive quando você está dormindo, o seu tempo livre é seu. Ninguém, ninguém!, o impede de experimentar a monetarização dos seus passatempos e das suas paixões, se você tiver vontade.

E, sim, há regras que devemos quebrar: sobretudo aquelas que nos dizem que devemos seguir em frente para cumprir a concepção de mundo que os outros têm: "Você não tem força para mudar (empreender, estudar, entrar em forma, seguir o seu caminho)". Todos já as ouvimos.

Trace as suas próprias regras.
Siga-as.
Modifique-as.

E, quando deixarem de servir, ignore-as.
Ou melhor, quebre-as.

17

Compartilhar para ganhar

Em um seminário que ministrei, solicitei aos integrantes das equipes que expusessem as suas ideias de negócio (reais). Entretanto, houve um participante que se negou completamente a compartilhar o seu projeto. O seu argumento era que o restante dos participantes poderia "roubar" a sua ideia.

Sem problema. Deixei que ele se integrasse a outra equipe na qual o líder compartilhou livremente a sua ideia, que, por sua vez, foi feita em pedaços, destroçada e virada do avesso.

Deixei que tanta energia fosse liberada porque o *feedback* dessa equipe era fortíssimo: falaram sobre as razões pelas quais a ideia não prosperaria, oferecendo assim ao seu criador a generosidade de um grupo de pessoas que compartilhavam as suas impressões desinteressadamente. A pessoa em questão saiu da sessão fortalecida, pois depois de tanta tempestade de ideias surgiu um novo conceito de negócio que a sua equipe valorizou e elogiou como viável.

Requer coragem submeter-se à crítica daqueles que se interessam pela nossa ideia (já os que querem se ocupar dela por esporte, melhor mantê-los longe). Sem essa coragem, o criador de uma ideia possivelmente leve uma enorme surra no mercado real.

Exponha-se. A mentalidade do grupo, de fato, é mais rica e díspar que a do indivíduo, por mais genial que seja a segunda.

❖ ❖ ❖

O primeiro indivíduo, afinal, aventurou-se em contar a sua ideia. Mas, infelizmente, o tempo destinado à sessão já estava acabando.

Expor-se tem a sua contrapartida se estamos abertos para encarar a crítica com uma boa dose de segurança e, ao mesmo tempo, de humildade.

Pode ser intimidante, sim. E daí?

O custo do golpe posterior é maior do que o da humildade de se expor antes de dar o grande salto.

18

Se você procura um professor, busque-o por perto

A cena era linda.

O pai estava dentro da piscina, sob o sol do verão, sorrindo e fazendo com a mão o gesto de "siga-me", enquanto incentivava a filha, de uns quatro ou cinco anos, a nadar até ele. Obviamente era a primeira vez que a menina soltava a borda da piscina e se aventurava na parte funda sem boias.

"Papai, me dê a mão", ela dizia trêmula e sorridente. É curioso como se misturam as emoções quando uma pessoa supera as fronteiras da nossa zona de conforto.

"Pegue", dizia o pai, retrocedendo dissimuladamente enquanto a pequena avançava.

"Papai, você está se movendo!" e "Papai, não consigo, não consigo!", ela gritava entre paralisada e temerosa.

"Claro que você consegue, filha. Já está me alcançando... Um pouquinho mais, vamos, vamos...", ele continuava incentivando-a.

E assim por todo o comprimento daquela piscina. Braçada por braçada. Braçada por braçada.

Quando a menina chegou, todos observamos e ouvimos em silêncio as efusivas felicitações do pai. Uma pequena lágrima traiçoeira delatava a mãe no gramado.

A celebração do pai com a sua filha, dentro da água, foi superlativa.

Que energia, que maravilha.

A menina nadou sozinha, apesar do medo. Sem estilo, talvez, sem elegância. Sem cronômetros.

Mas com efetividade.

O pai criou as circunstâncias para a sua autoconfiança, para uma autonomia apoiada e sustentada.

No dia seguinte, a menina quis explorar o próximo limite: pular do trampolim.

O objetivo não é necessariamente chegar com estilo.

O objetivo é chegar.

19

Fazer-se de vítima não convence ninguém (nem sequer você mesmo)

Na Segunda Guerra Mundial, um soldado foi enviado à frente de batalha em pleno inverno. As suas condições eram penosas: quase não tinha acesso a alimentos ou a uma roupa adequada, enquanto balas e canhões rifavam a sua vida todos os dias, noite e dia.

No entanto, ele aguentava dia após dia a investida graças às lembranças da noiva, que lhe esperava em seu país e cuja foto ele levava num bolso do uniforme. Cada noite, caso pudesse, o soldado olhava essa foto, já coberta de sujeira e lama, e sonhava com o dia em que regressaria para os braços dela. Essa mulher era a razão que o mantinha vivo.

Numa manhã, chegou o correio com uma carta breve da namorada. Nela, sem rodeios, dizia que o estava deixando, que havia encontrado o amor nos braços de outro homem e que, por favor, devolvesse a foto que lhe dera antes de partir para a guerra.

O soldado, ferido na alma, fez o que qualquer pessoa decidida e com dignidade faria: falou com os companheiros da sua unidade que também tinham sido abandonados por suas namoradas e pediu que dessem para ele todas as fotos dessas mulheres que não quisessem mais guardar.

Conseguiu reunir quinze ou vinte fotos, colocou-as num envelope e num pedaço de papel escreveu rapidamente: "Agora não lembro quem é você. Por favor, fique com a sua foto e me devolva as demais".

**Só há carrasco se houver vítima.
Só é vítima quem acredita que é.**

20
Adeus, escritório, adeus

Há duas razões pelas quais as pessoas devem se deslocar para um escritório para trabalhar todas as manhãs:

1. O seu computador está lá.
2. O chefe quer vê-lo diante do seu computador.

Para a primeira, há duas soluções: um smartphone, uma conexão rápida de internet e, zap, a sua empresa acaba de economizar o custo de alugar os metros quadrados ocupados pelo seu escritório, da eletricidade do seu computador e da sua impressora e das horas em que você fica na máquina de café ou fazendo planos para o próximo feriadão.

Para a segunda, há um trecho ainda por percorrer: com o número de horas que se trabalha na Espanha por empregado (somente os Estados Unidos superam a cifra, e isso com muito menos feriados anuais), o país seria o carro-chefe da União Europeia. No entanto, ou talvez por isso, na Espanha ainda existe muita obsessão pelo "presencismo": o chefe atua como controlador de relógio na mão ("para isso sou pago"). As novas gerações de líderes veem isso de outro modo: "Assegurem os recursos de que a sua equipe precisa e, pelo amor de Deus, saiam do caminho".

O presente e o futuro das relações trabalhistas passam pela eliminação das restrições físicas e geográficas: se o seu escritório está no celular e os seus dados estão na nuvem (Steve Jobs *dixit*), então as opções de se estabelecer como agente livre (não como empregado grudado a uma folha de pagamento) são enormes. São virtualmente ilimitadas.

As jornadas de trabalho decididas por nós mesmos não somente serão possíveis, serão habituais. Acabarão as quarenta horas, das 9h às 18h, de segunda a sexta.

A monogamia com a empresa será extinta.

Trabalhar em projetos simultâneos é o que dará status (e bons honorários) ao agente livre.

E este decidirá para quem prestar serviços, pois a demanda por parte das empresas será feroz.

E o que receberá em troca? Poder ajustar o equilíbrio entre o seu tempo/dinheiro.

E desta vez em seus próprios termos.

21

Tem certeza de que você não tem tempo?

"Não tenho tempo para empreender uma mudança" é uma frase mais do que comum. Sempre há algo para se fazer, mais urgente, que requer a nossa atenção imediata: responder cada e-mail, informar-se das notícias dez vezes por dia, responder àquele telefonema que nos manterá uma hora ouvindo as lamentações do infame colega de departamento, verificar cada postagem reportando o casamento do penúltimo membro da realeza, atualizar o Facebook com a lista de compras de ontem ou de alguns minutos atrás, "olhe, ainda estou no estacionamento do supermercado", ou consultar a previsão meteorológica do Butão.

A linha reta segue sendo a distância mais curta entre dois pontos, quando esse dois pontos estão num papel. No teatro da vida, a que vivemos em 3D, mas sem óculos de cortesia e pipocas, aquela em que realmente nos movimentamos, quando se decide mudar algo o comum é viver um período de transição, para se habituar às novas realidades, às novas maneiras de agir.

Quando decidimos construir uma nova realidade para a nossa existência, o que na verdade estamos fazendo é substituir um conjunto de problemas por outro conjunto de problemas diferentes que, no princípio, coexistem. Daí a vertigem que pode ser produzida ao se transitar por uma terra de ninguém, entre a situação anterior e o novo objetivo, pois parece que temos o pior de ambos os mundos, enquanto abandonamos o melhor da antiga vida sem ter muito claros os benefícios da nova.

Isso sim, é preciso reconhecer que mudar supõe dar um salto do ruim conhecido para a aventura de uma vida mais coerente com as nossas aspirações, metas e anseios.

Para acrescentar uma variável a mais à equação, até que a mudança comece a se materializar (até que o negócio comece a render, até que nos habituemos à nova cidade, até que comecemos a entender os matizes do novíssimo cargo, até que nosso novo parceiro comece a entender que também temos o direito de deixar as meias sujas no chão) os custos para manter-nos seguem aí.

Enquanto se trabalha pelo êxito de determinado projeto, é preciso seguir comendo, cozinhando, fazendo exercícios, amando, pagando contas, brigando com a companhia telefônica, esperando na fila da repartição pública, visitando o médico, abastecendo o carro e lavando a roupa (não vai deixar as meias no chão, não é?). Ou seja, consumindo tempo em áreas necessárias, mas aparentemente não muito relevantes para o nosso objetivo de vida.

E observamos os modelos de êxito ao nosso redor e começamos a perguntar como eles fazem para ter tempo para tudo isso. E para mais.

Não há mistério. Sem exceções, não existe nenhum empreendedor de mudanças que tenha tempo de sobra para materializar o que almeja. Mas ele foca as suas energias em encontrar o tempo necessário para o que é realmente importante para ele.

Se uma pessoa precisa economizar dinheiro, o que ela faz é suprimir os gastos supérfluos; uma pessoa que precisa economizar tempo deve eliminar todas as atividades, relações, decisões que a façam perder o seu tempo. Esse tempo não é elástico: não podemos aumentá-lo um segundo a mais além da nossa data de validade.

A diferença entre uma pessoa descontente e motivada que promove mudanças e uma pessoa descontente e motivada que não promove mudanças não está no quão inteligente seja a primeira, mas no que elas fazem no e com o seu tempo livre. Daí a determinação que as pessoas realmente motivadas têm para aproveitar o tempo livre.

Faça estatísticas com as suas horas diárias, compute-as anualmente, calcule quantas você deixar ir por água abaixo e comece a resgatá-las desse poço inútil.

Em tempo de crise e de mudanças é fácil reduzir custos. O que não parece ficar tão claro é se a tão alardeada recuperação econômica dependerá de uma geração espontânea, de uma diretriz do governo ou de um capricho das agências de classificação de risco.

Na realidade, a dinamização de uma sociedade sempre se inicia por e em um grupo de indivíduos que em sua singularidade alcança certa massa crítica e acaba contagiando com o seu ímpeto um coletivo de seguidores igualmente determinados. E para que essa recuperação seja realmente proveitosa não basta economizar nos custos. É preciso investir em novos processos, avanços, métodos, habilidades, projetos, experimentos, vivências. Pois os velhos faz tempo que expiraram... e nunca voltarão.

Do mesmo modo, economize o seu tempo. E invista-o com sabedoria.

22

Deixe de procurar: escreva a sua própria missão

Às vezes, ficamos obcecados com o proverbial, quase mítico, "faça o que você realmente quiser na vida". E isso, numa grande parte das vezes, leva à frustração.

Há pessoas que nascem num meio, digamos, desfavorável. Não se situam precisamente nas primeiras filas da corrida de Fórmula 1 da vida. Na verdade, nascem sem nem sequer ter o mínimo com o que competir. E olham lá na frente, muito na frente, os que pilotam os últimos modelos, têm os macacões de competição e os capacetes mais legais, e desejam ser como eles, superá-los, avançar na vida.

Mas, enquanto isso, precisam lidar com coisas que não parecem atrapalhar esses semideuses da pista. Como, por exemplo, pagar empréstimos. Ou lidar com demissões. Ou com separações. Ou com perdas pessoais. Magníficas razões para chegar à conclusão, um belo dia, de que, enfim, esse carro lá na frente não deve ser tão rápido (com certeza, ele ganhou do papai), ou de que os macacões e os capacetes sem dúvida são imitação, como já me contaram.

Às vezes, a vida nos coloca diante de problemas ou circunstâncias sérios que, na verdade, contêm em seu núcleo o gérmen *dessa* mudança, *dessa* transição necessária para transcender a *essa* vida desejada. Há pessoas que, à base de um extenuante escavar, descobrem as suas oportunidades a partir de perdas severas. Afinal de contas, é fácil criar uma empresa com dinheiro herdado. É simples ser convidado para um jantar romântico quando se nasce bonito. É fantástico ser apadrinhado para um grande cargo sem ter suado o uniforme. Mas não é tão fácil criar uma empresa sem recursos, enquanto o indivíduo estuda e trabalha, pagando um quarto alugado e cuidando de um parente próximo. Não é tão simples se tornar atraente por meio do cultivo de um traço de personalidade potencialmente sedutor. Requer generosas pás de paciência passar na Escola Militar como bolsista para ganhar uma valiosa experiência como líder.

❖ ❖ ❖

Assim, muitos projetos vitais morrem quando os qualificamos como fracassos. E jogamos a toalha com dor, com raiva, com resignação. Muitas pessoas acabarão associando o fracasso de um projeto à própria personalidade. Em vez de verbalizar diante dos outros e de si mesmas que "o meu projeto fracassou" ou "fracassei com o meu projeto", comunicam "eu sou um fracassado" e começam a andar pela vida como tais. Não é de surpreender que nesse ponto alguns acabem ficando paralisados durante meses, anos, ou por toda a vida.

Talvez isto seja somente um aspecto, mas é um aspecto fundamental: as pessoas às vezes *cometem equívocos*, enquanto os projetos *fracassam*. Um cérebro sadio tende a se mover na direção que melhor o beneficie, mas fará as coisas como melhor souber e puder, a fim de assegurar o seu êxito conforme a informação, sempre incompleta, de que dispõe nesse momento e nessa situação. Um projeto que não funciona simplesmente acrescentou à coqueteleira todo o resto dos ingredientes e variáveis, incluindo aqueles sobre os quais não podemos exercer controle algum, e com isso às vezes teremos um resultado que não é o que esperávamos ou desejávamos.

Certamente, muitos, muitos projetos acabam fracassando. Seja porque faltou motivação, seja porque faltou conhecimento, apoio de uma equipe ou uma ação mais dinâmica bem direcionada à mudança. Em outras ocasiões, os projetos não se materializam somente porque não deveriam *ser*, por razões e interações com o Universo que ainda não conhecemos.

Mas o fato de que certos projetos e desejos fracassem não quer dizer que não seja para o bem do indivíduo no longo prazo, por doloroso e insuportável que pareça no momento. Um divórcio libera tempo livre e energia para refazer a vida e permitir uma relação realmente amorosa (consigo e com os outros). Uma demissão fulminante pode ser a semente do empreendedorismo e a liberdade de decisão sobre o próprio tempo. Uma lesão permanente num esportista pode lhe dar a oportunidade de se reciclar numa habilidade ainda mais excepcional noutra disciplina. Uma bancarrota financeira traz lições que jamais poderão ser encontradas nas melhores escolas de negócios.

Se nós nos apegamos e nos definimos unicamente em função dos nossos projetos, estamos condenados à montanha-russa do sucesso no topo e à do fracasso nas descidas e a exaltar o primeiro diante dos outros e de nós mesmos e justificar o segundo para o nosso meio ou, pior, nos enganando todas as noites antes de dormir. O êxito é efêmero. O fracasso também o é.

O que permanece é esse zigue-zague vital. No entanto, aquilo que nos ancora em um estado de neutralidade emocional nos permite agir com mais critério ou maior intuição sem nos desconcentrar nem nos deixar seduzir pela fantasia do sucesso perpétuo nem sucumbir à amargura das conquistas que nunca acontecerão.

Enquanto os mapas ficam obsoletos, as bússolas não.

Do mesmo modo, o que resiste aos vaivéns da vida é o nosso Propósito, a nossa Missão na vida.

Nossa Missão é como a luz do farol na metade da neblina do fracasso, e uma lembrança de humildade quando os ventos são muito favoráveis. A Missão, o Propósito de cada um, pode ser refletida por escrito numa frase, num pequeno parágrafo, recolhendo aquelas atuações, projetos em que florescemos, desabrochamos, aqueles desejos e ações que nos trazem mais bem-estar ou felicidade, ou como você preferir definir: "Eu me sinto feliz quando assessoro empreendedores para encontrar novas formas de financiamento e criar mais empregos"; "fico feliz quando encontro novos medicamentos que melhorem a qualidade de vida de um doente crônico"; "desenvolvo meu potencial quando ajudo crianças a aprender a escrever"; "encontro paz ao oferecer hospedagem rural a pessoas urbanas estressadas"; "gosto de constatar a aprendizagem das pessoas a quem formo". E um eterno e exclusivamente personalizado et cetera. Todos esses propósitos têm em comum um *fim* último de bem-estar pessoal, um *meio* (o que sabemos fazer, ou seja, a nossa experiência), algumas interações (quem conhecemos) e, muito importante, um grupo de indivíduos ao qual você proporciona mais *bem-estar*, graças ao impacto positivo que os seus atos têm na vida deles.

Qual é a sua missão nesta vida?
Uma pista: não procure na borra
de café ou em garrafas à deriva
no oceano.

    Valorize as possíveis candidatas a ser a sua Missão e observe em silêncio, com calma, o que sente ao considerar cada uma. A emoção que você experimentar com cada uma lhe dirá qual é a sua.

    Quando a encontrar/definir, você saberá.

23

Estes baixinhos não tão loucos

Se você tem filhos, sem dúvidas quer o melhor para eles, que não lhes falte nada, que possam dispor da melhor educação, dos melhores cuidados. Que estejam sempre secos, quentinhos, protegidos, que comam o que quiserem, quando quiserem, que aproveitem tudo o que nós não pudemos aproveitar. Por acaso isso não é o melhor para eles? Não necessariamente.

Quando éramos pequenos, chegar em casa com os joelhos sujos e com sangue seco era a evidência de que não havíamos nos comportado bem no parque. E isso sem a supervisão de adultos, pois, por alguma razão, não era preciso que alguém montasse guarda para prevenir que nos fizessem mal. Se voltássemos sujos, nossa mãe nos mandava para o banho e colocava a roupa para lavar. Simples assim. Esse ritual provava que tínhamos estado experimentando, socializando e lidando com outros malucos do bairro, negociando bolas de gude e chicletes, reclamando com assertividade o que era nosso e aprendendo a compartilhar areia e suor. Poucos ficavam em sua casa-bunker para ver televisão, jogar ou ficar no bate-papo com ícones de internet que dizem que são nossos amigos.

Quando éramos pequenos, não tínhamos nem a mais remota ideia de que diabos era um empréstimo: se você tinha dinheiro, comprava. Se não tinha, tinha que criar algo para gerar e poupar, pois o dinheiro não dá em árvores. Lembra-se dessa frase? (Meu primeiro *negócio* com oito anos foi vender pinballs feitos com cartolina e pregadores de roupa.)

Hoje superprotegemos os pequenos. Sim, uma criança tem que se sujar para aprender a se integrar (alguém quer ser aquele de cabelo engomadinho?). Sim, uma criança tem que se machucar para aprender a cuidar de si mesma (quem quer andar com um choramingão?). Sim, uma criança tem que brincar para aprender a arriscar e a se levantar, sacudir o pó e se recompor quando perde todas as bolas de gude ou as tampinhas (quem não admirava aquele que havia se tornado um craque jogando totó ou bolas de gude?).

O outro fator-chave para o seu crescimento é que se sintam *queridos*, e não rodeados de *coisas*. Em muitas ocasiões, os adolescentes (e os adultos) acabam recorrendo à violência contra os outros ou contra si mesmos por uma ausência de carinho (ou seja, tempo e atenção) durante a infância: o desafeto, um mínimo de contato e tato humano, de compreensão, de ternura. A "ausência mesmo estando presente" do pai/mãe ou do tutor adulto (presença física, mas ausência mental/emocional, como quando se está vendo o noticiário e mostra-se indiferente aos convites para brincar do pequeno, por exemplo) é tão prejudicial para o futuro dele como uma agressão. E isso não há PlayStation que conserte.

Em outras palavras: o que os pequenos precisam é *tempo*. O nosso. Entre outras coisas para ajudá-los a fazer aflorar as virtudes com as quais nasceram, em vez de insistir em transformá-los no que nós *sabemos* (?) que eles devem (?) ser.

Eduque. Extraia, descubra aquilo em que o baixinho se destaca e, sobretudo, *aproveite*; e proporcione a ele os recursos para expressar os seus talentos.

Deixemos de condená-los a desenvolver somente os talentos mais demandados pelo mercado ("Estude algo que renda"; "Seja programador, que ganha um dinheirão"). Inculcando nele essas ideias, quem sabe, você poderá transformá-lo num indivíduo rico quando for mais velho, mas, mais cedo ou mais tarde, ele se perguntará: "Que diabos estou fazendo com a minha vida?".

Na próxima vez em que brincar com os seus pequenos, aproveite a disposição cognitiva natural para a brincadeira que nós, humanos, temos para observar os diferentes talentos naturais que eles manifestam. Você saberá pela habilidade pouco usual e o prazer que eles demonstrarem.

Preste atenção no seu uso da linguagem (com vocês, o próximo Nobel de Literatura); na sua destreza no uso da capacidade motora (um novo atleta em ascensão?); na sua habilidade artística (pintura, escultura, arquitetura/construção, música, desenho); na sua empatia e simpatia (consigo mesmo, com os demais); e, é claro, na habilidade que a nossa sociedade enche de esteroides: a lógica cartesiana.

Anote o modo como o baixinho brinca, como se desenvolve. Escreva alguns exemplos, ainda que sejam engraçados, daquilo que o faz sorrir e, ainda por cima, ele é bom fazendo.

O seu esforço de hoje fará com que essa criança economize amanhã tempo, energia e dinheiro que, caso isso não ocorra, ele deverá investir em alguém que o ajude a decifrar por onde deve guiar os seus passos profissionais mais além das avenidas convenientemente pavimentadas e *que rendam.*

E para terminar: nossos filhos *não* são nossa propriedade. Não são. Nossa missão com eles é, paradoxalmente, que *nos abandonem.* Que chegue o dia em que nos convidem a ir à casa *deles* aos domingos porque desejam isso.

Este deve ser nosso legado aos pequenos: que tenham autonomia para se responsabilizar pelas decisões que afetam cada área da sua vida. A vida as colocará sobre a mesa mais cedo do que possamos acreditar em forma de problemas/desafios: trabalhar por menos (não apenas monetariamente) do que vale o seu talento; envolver-se emocionalmente em relações tóxicas; intimidar-se frente aos desafios de empreender um bom projeto; ficar bloqueado diante da ausência de informação ou da informação errada.

Ou poupar a si mesmos das suas próprias aspirações.

24

Otimista ou positivo

O cérebro tem um dispositivo (SAR, Sistema de Ativação Reticular) que atua como um interruptor para conectar ou desativar as conexões dispostas entre a nossa mente racional e a de sobrevivência e que dispara diante do medo.

Quando experimentamos certo medo, temor, podemos agir conciliadoramente (procurar opções), aproveitando a excitação das substâncias químicas revigorantes geradas pelo nosso corpo. No entanto, quando o grau de medo é muito elevado e entramos no terreno do pânico, essa mola salta, desconectando a nossa mente racional para passar ao modo de sobrevivência: lutar, fugir ou, com horror extremo, ficar paralisado. A disposição de um indivíduo positivo é muito efetiva frente às problemáticas potencialmente geradoras de medo extremo.

Com uma orientação positiva baseada na autoconfiança e no autoconceito, o indivíduo tem a *certeza* de que há uma (ou mais) solução diante desse contratempo e, se não a encontra rapidamente, direcionará as suas energias para pensar, visualizar e fabricar (e às vezes para se abandonar e confiar em) essas opções que *ainda* não são nem estão.

É sensato agir desse modo: com esse grau de certeza interior, nosso cérebro relaxa e pode responder às circunstâncias ou, inclusive, antecipar-se a elas com critério e agilidade. Sem essa confiança nos próprios recursos, o medo, exacerbado pela nossa percepção subjetiva e, portanto, distorcida da realidade, pode se transformar num instante em pânico. E é então que deixamos de comandar e nos vemos arrastados ao rumo irracional do nosso instinto de sobrevivência.

Ser positivo implica comportar-se como um buscador não inflamável de opções válidas. Em outras palavras, nessa competição pessoal está a permanente habilidade de *abstrair-se* do cenário para pensar com critério fora da Caixa.

Por seu lado, um otimista, em vez de mudar a sua própria disposição (o seu olhar/perspectiva interior) para gerar as melhores opções frente a um problema de certa grandeza, opta por acreditar que a situação (evento extremo) não supõe tal problema, que não é tão considerável, ou que conta com mais tempo do que realmente dispõe para reagir.

Que não é para tanto.

Ser otimista pode sair muito caro. O otimismo anestesia a parte da nossa mente que grita para nos advertir que algo não está funcionando bem, calando-a e distorcendo, ainda mais, a percepção do cenário que deveríamos estar avaliando com maior rigor.

Caso se formasse no oceano Atlântico um furacão da categoria 5, o mais destrutivo na escala Saffir-Simpson, um turista *positivo* de passagem pelo Caribe concentrar-se-ia em encontrar as melhores opções para se resguardar, sem pânico... inclusive, mesmo que o mais perto que tenha chegado de um furacão tenha sido a definição de um dicionário.

Um *otimista*, por sua parte, esperará olhando as nuvens, confiando que o furacão seja somente algumas rajadas de muito vento.

"Será apenas um pouco de vento. Pode me dar outra piña colada, por favor?"

25

Distrações, distrações

À s vezes, apenas a decisão não basta. Acontece com frequência: estamos diante da situação que nos deixa em dúvida preocupados, inclusive paralisados. Não sabemos o que fazer: qualquer decisão parece destinada a fracassar.

Finalmente, nos armamos de coragem, nos atiramos na água e decidimos empreender esta mudança necessária nas nossas vidas.

A partir desse ponto podem acontecer duas coisas: 1) De repente, tudo parece se encaixar... Como se durante todo esse tempo o Universo tivesse estado esperando que nos decidíssemos; 2) Algo muito atraente nos leva a desviar do rumo depois do esforço de soltar as amarras.

Na mitologia grega, conta-se que os sedutores cantos das sereias distraíam os vigorosos navegantes, que, cegos de amor, desviavam o curso da embarcação até as pedras onde se encontravam essas beldades.

Perder a atenção leva ao naufrágio.

Talvez alguém demore anos até decidir ser o seu próprio chefe. Anos. E, no entanto, duas semanas depois de começar, é tentado com, possivelmente, um dos postos de diretoria mais relevantes e com maior visibilidade do seu país. Um salário de seis dígitos. E deve decidir em um segundo se irá renunciar a tudo aquilo para o que (supõe-se) ele se preparou ao longo de toda uma vida profissional. E quando acaba por recusar a oferta, o caça-talentos da vez irrita-se, tachando-o de irresponsável por jogar a sua carreira por água abaixo.

Ou talvez lhe ofereçam um projeto apaixonante... a cinco mil quilômetros da sua casa. O seu meio, mesmo querendo o melhor para você, não o ajuda de fato. "Mas como você vai ir se a sua família está aqui?", "Mas como vai se mudar para lá se em nenhum lugar se vive bem como aqui?", "Mas você tem certeza do que está fazendo?", "Mas você percebe que depois vai ser difícil retornar?".

Mas, mas, mas... Quanto mas.

É extenuante.

Ficar explicando para os outros (justificando?) essas decisões acaba por fazer várias pessoas desistirem.

Sim, às vezes a Vida lança iscas para ver se mordemos o anzol e assim comprovar o quanto estamos comprometidos com a nossa própria causa.

Depois de passar por maus momentos em seu trabalho, M. desejava mudar de profissão; para isso, passou mais de uma década fazendo uma faculdade e uma pós-graduação à noite. Concretamente, onze anos. Onze. Isso significa muitas noites de esforço.

Queria abandonar o seu emprego, pois estava farta, destroçada. E, no entanto, todo mundo a repreendia dizendo que era uma ingrata e que não sabia valorizar a sorte que tinha: "Não percebe que ao menos você tem um trabalho, com a crise que há...". E sentiu medo, muito medo. Sobretudo quando media a altura do salto que queria dar, salto que ficava ainda maior devido aos comentários daqueles que supostamente a queriam bem.

Finalmente se jogou no vazio: poupou o suficiente para deixar durante alguns meses o emprego estável que a estava corroendo, na confiança de se concentrar para achar algo melhor.

Et voilà: o trabalho dos seus sonhos *apareceu* (ofereceram a ela sem precisar enviar nem um só currículo) quando fazia seis dias que estava oficialmente desempregada (ou "livre", como ela dizia).

Definitivamente, quando o aluno está preparado, o mestre aparece.

A *oportunidade* sempre surge quando houve uma *preparação*. Sem uma preparação, a primeira poderia permanecer dançando uma polca diante dos nossos olhos, e jamais a veríamos. Sem a oportunidade, somente nos resta aguardar, observar, agir, relacionar-se, enquanto seguimos nos preparando, preparando, preparando e desenrolando o tapete de boas-vindas para quando ela(s) se manifestar(em).

Não estou narrando um conto de fadas: sem esses onze anos de duro e contínuo sacrifício, sem os contatos que estabeleceu no processo, sem prestar um serviço impecável aos clientes apesar de detestar o trabalho, sem a maturidade que esses anos de esforço lhe deram, sem a coragem de procurar onde *ainda* não havia feito, esse pequeno milagre (?) não teria sido possível. Era questão de se preparar, preparar, preparar. De observar. Falar com os outros. Agir. Formar-se.

E, finalmente, deixar-se levar. Confiar.

E então tudo se encaixa.

Tudo se encaixa.

Até que as oportunidades cheguem, continue se preparando.

Não as deixe ali sozinhas. Estão já há um bom tempo sentadas, esperando que você tire-as para dançar.

26

Não se preocupe: às vezes não sabemos o que queremos

Ninguém admite, mas é assim mesmo. Um número elevadíssimo de pessoas não tem a mais remota ideia do que quer, de verdade, fazer com a sua vida.

A inércia, já disse Newton, é o estado que consome menos energia. É mais fácil deixar-se levar do que empreender uma mudança. Mesmo que seja uma mudança a nosso favor.

Entre pais, professores, treinadores, guias, mentores, colegas, chefes, presidentes, sacerdotes, gurus, tarólogos, médicos, psicólogos, assessores fiscais, alguns casais e supostas amizades, passamos mais de vinte anos seguindo as diretrizes dos outros.

E cuidado para não sair do enquadramento da foto.

No entanto, mais cedo ou mais tarde, chega o dia em que dizemos que sim, "quero sair da bendita foto". Que queremos explorar novos caminhos, pisar em novos cumes. E nos levantamos do banco para sair do enquadramento em que estivemos tantos anos quietos, tal como os outros esperavam de nós.

E então não é raro que nos sintamos extraviados, que nos encontremos perdidos frente a uma imensurável constelação de decisões, diante de toda a ingovernável realidade que está fora dos trilhos.

E nesses momentos começamos a pensar que, bem, também não estava tão mal dentro da foto. Afinal de contas, dentro dela tudo segue como sempre, como deve ser: as mesmas pessoas; o mesmo trabalho sem sentido; o mesmo estilo de roupa; o mesmo penteado, mesmo que haja menos cabelo; o mesmo sorriso de bate-esta-foto-de-uma-vez; o mesmo olhar para uma lente inútil; a mesma rotina previsível. E voltamos sozinhos a esse enquadramento preestabelecido. Como os outros ficarão alegres. Como gosto de deixar os outros felizes. Todos que não eu, concretamente.

Alguns resistirão à atração desse calorzinho conhecido e decidirão coabitar o frio do desconhecido, os novos projetos, as novas amizades, os novos idiomas, os novos trabalhos, as novas disciplinas por aprender.

Talvez eles não tenham muito claro o que querem fazer. O que sabem é aquilo que não querem fazer.

Quando um artista pinta um retrato, costuma focar a sua obra destas maneiras:

a) Pinta diretamente o retrato.
b) Pinta tudo o que *não* é o retrato, para depois apagar o que sobra.

Michelangelo afirmava que não esculpia nada, somente eliminava o mármore que ocultava a sua Pietà, o seu Moisés ou o seu David.

Quando uma pessoa descobre, decide e está determinada a mudar as decisões que afetam a sua vida cotidiana, costuma se deparar com aquilo que não tem clareza se quer fazer. Possivelmente, ter clareza sobre isso (seja o que for "isso") é a exceção.

Além disso, frequentemente caímos no erro de que para mudar *apenas* é preciso dar o salto da situação atual até a desejada.

Não é assim.

O habitual é empreender uma travessia da situação atual a uma ou várias situações desejadas, que, na maior parte das vezes, são uma etapa intermediária, de transição, às vezes inclusive de aviltamento, etapas que a princípio têm mais cara de terra de ninguém do que de Terra Prometida: nem o conhecido ineficaz, nem o jardim do Éden que imagino que seja o meu destino.

Essas travessias não apenas são navegadas ao se escolher rotas, mas também ao se escolher antirrotas: "Quero empreender, não sei em que, mas não tem nada a ver com bens industriais"; "Quero trocar de trabalho, não sei para qual, mas tenho certeza de que não tem nada a ver com o que faço hoje"; "Queria encontrar alguém, não sei como precisa ser, mas tenho claro como não quero que seja".

Às vezes escolhemos por eliminação. Pode-se ir desfolhando assim a margarida da escolha: desfazemo-nos do estéril da vida, a cada dia uma coisa, do que nos consome tempo e energia, do que nos enfraquece. Limando da nossa existência aquilo que não funciona para nós: relações, trabalhos, sonhos que não são realmente sonhos, buracos por onde perdemos a nossa energia emocional ou física.

Cada escolha implica infinitas não escolhas. Inclusive não fazer nada é uma escolha. É impossível a não escolha.

Uma ferramenta potente esta, a de escolher.

Mas, aparentemente, que inócuo é ir cedendo, entregando essa ferramenta a outros para que a empreguem *por* nós, no lugar de sermos nós quem a calibramos, afinamos, renovamos, polimos.

Se você não pode atravessar esse rio a nado, construa uma ponte. Se não pode construir uma ponte, construa um barco. Se não pode construir um barco, vadeie o rio. Se não puder vadear, vá correnteza abaixo. Se não puder fazer isso, construa um dique.

Faça o que fizer, também estará escolhendo *deixar de fazer* o que *não* quer, o que *não* funciona.

Como continuar sorrindo sem vontade para a foto.

27

Decifre a mensagem codificada no seu problema

Há um bom número de plataformas e perspectivas para observar o que acontece com uma pessoa: nossos problemas muitas vezes são reflexos da forma como pensamos, dos nossos modos de entender o mundo em função de determinados adjetivos que lhe damos (bom, ético, útil, trágico, maravilhoso).

Nossas crenças refletem-se, além do mais, em nossas expectativas diante do que está acontecendo. Em outras palavras: estamos predispostos a ver o que queremos ver (ou já prevemos em nossa imaginação), a experimentar o que esperamos experimentar e inclusive a *ter razão* ao constatar que aquele cenário que justamente estávamos tentando evitar acaba se manifestando na realidade. Se você procurar com determinação carrinhos roxos para trigêmeos pelas ruas da sua cidade, irá se surpreender ao descobrir quantos encontrará.

Se um problema tende a se repetir (quantas pessoas sempre se unem a parceiros identicamente incompatíveis, procuram as mesmas colaborações em ambientes de trabalho rotineiros, as mesmas precariedades financeiras de novo, de novo e de novo), talvez seja preciso alterar, nem que seja para experimentar, as expectativas que se tem em relação a áreas concretas da vida que criam um problema que, previsivelmente, sempre volta, como o cavalo quebrado do carrossel que ninguém quer montar. De forma ideal, quando isso ocorre, a pessoa protagonista da sua vida é a que tem maior facilidade para mudar as lentes das suas percepções e, portanto, a sua interpretação da situação.

Atrás de todo problema existe uma mensagem que pede a nossa introspecção.

Sim, atrás de cada problema há uma chave que nos espera, não no final de um arco-íris, mas no seu começo, na sua origem: dentro de nós mesmos.

Somente a *presença no presente*, a tomada de consciência, o dar-se conta de que aquilo que nos tortura foi em muitas ocasiões (todas?) permitido, criado por nós mesmos (evitar uma mudança que sabíamos necessária; esconder-nos diante da vertigem que agora devemos digerir, adiar a decisão que intuíamos que teríamos de tomar mais cedo ou mais tarde; iniciar um hábito que suspeitávamos que nos faria mal), abre a via para criar vidas diferentes para nós.

Nossas realidades cotidianas podem ser alteradas a partir de duas inclinações humanas bem simples: experimentar mais aquilo que desejamos e ter menos daquilo que não nos agrada.

Unicamente com a assunção individual da nossa *responsabilidade* na cocriação dos nossos problemas, estes deixam de ter *culpados* (outros agentes ou, inclusive, nós mesmos) para se transformar em aliados ("Que diabos este problema está dizendo sobre mim mesmo?").

Assumir a responsabilidade não implica necessariamente que seja prazeroso já no começo. Sim, é libertador, mas somente quando se aceita *em paz*. Ao agir assim, nos livramos das desculpas frente aos outros e a nós mesmos e deixamos de atribuir a terceiros as causas e consequências do que nós invocamos. Já não podemos confirmar a nossa suposta impotência diante de situações que nos chegam distorcidas, já não podemos seguir flutuando numa casca de noz à deriva, recebendo os golpes de ondas de azar.

Ter problemas significa várias coisas. Que somos adultos. Que seguimos vivos. Que podemos optar por resolver esses problemas e aprender ou seguir montando nesse cavalo quebrado.

28

Se não tem vontade de fazer, faça agora (e tire isso do caminho)

Procrastinar é a *arte* de colocar em funcionamento as desculpas perfeitas para não fazer alguma coisa: perder-se na web ("olhava, para ver as novidades"), reunir-se ("recompilamos opiniões e debatemos sobre tudo menos sobre a mesmice que o chefe quer fazer"), adiar ações realmente valiosas para si mesmo ("é que tenho muito trabalho no escritório, olha só"), manter relações vazias ("tenho que ficar com ele/ela mesmo que seja perda de tempo; nunca se sabe").

Se aquele cara do seu departamento leva duas semanas sem dar aquele telefonema tão importante para o seu negócio, deve ser realmente um artista para seguir fazendo os demais acreditarem que "realmente, não consegui parar". Com a conivência dos que assistem fazendo de conta que não enxergam.

Podemos ser verdadeiros artistas ao transformar qualquer desculpa em algo crível, aceitável e justificável para nós mesmos e para os demais.

E os outros poderão seguir *fazendo de conta* que acreditam.

Então, quem estamos realmente enganando?

29

O que de fato nos faz ricos

Eu jantava há alguns meses num pequeno restaurante muito frequentado que abre somente do dia primeiro ao 25 de cada mês, pois no restante dos dias os donos aproveitam para viajar para o exterior. O negócio não vai mal. De fato, apesar de receber mais que sugestivas ofertas para franquear o seu conceito culinário, ambos os donos renunciaram expressamente a crescer como empresa e decidiram centrar-se naquilo que mais gostam na vida: cozinhar. Isso lhes proporciona ganhos elevados e viajar com o dinheiro gerado durante o mês.

Um dia, conversávamos animadamente após a refeição sobre uma viagem com a qual eles se presentearam lá pelo ano de 1998 a vários parques nacionais do Canadá. Depois de anos de economia, era a primeira vez que saíam da Europa.

Um deles dizia que com o dinheiro que gastaram durante aquelas semanas poderiam ter comprado um ótimo carro. Não há dúvida.

O outro respondeu que, se tivessem comprado um carro, jamais teriam vivido aquela experiência. Que não teriam aproveitado como fizeram. Que não teriam podido acumular tão gratas recordações. Que não teriam podido organizar aquele lindo álbum de fotos. Que não teriam podido estreitar a sua relação durante aquela convivência fora do habitual. Que não teriam podido sorrir ao lembrar aquelas vivências, como se o próprio

Scotty da nave interestelar *Enterprise* os tivesse teletransportado nesse mesmo instante de volta àqueles bosques do Canadá.

O carro, sem dúvida, hoje seria um monte de quilos de metal com enormes custos anuais.

Há uma diferença entre *gastar* dinheiro e *empregar* dinheiro. É uma diferença muito subjetiva. Depende de cada um. Somente cada um pode determinar quando está desfrutando do seu dinheiro ou queimando-o.

Há uma premissa clara: quando morremos, não se pode levar um centavo. Zero. Nada. *Rosco. Nothing.*

Mas a vida, quando transborda de incontáveis experiências positivas (algumas das quais, sim, foram compradas com dinheiro), ganha um particular e *enriquecedor* sentido para quem a vive. Sobretudo, se são compartilhadas.

Quando o dinheiro está aí, então, o que fazer? Comprar coisas catalogadas como valiosas na sociedade ou viver experiências?

Ou talvez, outra questão ainda mais relevante é se mais importante ainda do que acumular dinheiro é encontrar *tempo* para aproveitar as experiências.

"Coleciono agora somente vinhos ruins, porque, se o vinho que tenho é bom e a pessoa está aqui, vou abri-lo."

Acumular pelo mero fato de acumular de repente adquire um significado diferente.

Nenhum.

30

Quicando mais alto: resiliência

> O sucesso é medido pelo quão alto você quica uma vez que tenha tocado o fundo.
>
> George S. Patton (1885-1945)

Essa curta frase sintetiza o que entendemos por *resiliência*. A crise, ou melhor dito, *esta* crise não é financeira, ao menos não somente. Enquanto você lê estas linhas está consolidando-se uma mudança de consciência, ou de conscientização, em nosso sistema político, social, econômico, de valores, que tira a máscara das reuniões do G20:

- O sistema trabalhista, como o entendíamos há até uma década, não voltará. É possível que estejamos diante da melhor (não necessariamente fácil nem simples) oportunidade de sucesso para os agentes livres que trabalhem em redes simbióticas.*
- O dinheiro está deixando de adquirir protagonismo como fim e está voltando à posição de onde nunca deveria ter saído: ser um meio de comprar outra coisa com um valor incalculável, o nosso finito e precioso tempo.
- O público já não busca projetos vitais baseados em ter uma casa/hipoteca, marido/mulher, filhos, bichos de estima-

---

* Ver: Gregory Cajina, *Coaching para empreender* (2010).

ção, tela plana (não necessariamente nessa ordem). O público se identifica com o que faz, *é* o que faz. E já não quer fazer coisas que não sejam a cara dele ou dela. A frase "Trabalho para mim" está tomando um novo significado. No lugar de passar toda a vida tentando se encaixar, desempenhando uma tarefa condenada à frustração, agora "estou construindo uma missão, um trabalho, um projeto meu no qual trabalho".

– As restrições foram revogadas. Já não há limite para a criação ou a escolha de projetos vitais para trabalhar. Conheço pessoas com mais de seis cartões de visita diferentes que refletem cada um de seus projetos. Esquizofrenia? Não: múltiplas escolhas.

- Seguimos sequências de trabalho, vitais, financeiras, cada vez com mais pontos de inflexão, de mudanças de tendência, ascendente/descendente, mais frequentes. Os proverbiais ciclos de sete anos que mostro aqui em dois gráficos (o primeiro refere-se ao *antes*; o segundo, ao *agora-amanhã*) encurtaram-se muito. Em outras palavras, passamos mais tempo no trânsito de uma estação a outra que de pé, esperando que passe outro trem.

- O que ontem era mais *comum* ("Não posso mudar de carreira, estou há muito tempo fazendo a mesma coisa", "Só faltam x anos nesta empresa para eu me aposentar", "Já tenho casa, já estou seguro") e o que era *raro* ("Estou numa etapa de transição", "Virei minha vida de cabeça para baixo", "Vou me separar mesmo que já esteja há vinte anos neste casamento infeliz", "Comecei do zero") hoje inverteram os seus papéis.

Mudança percebida

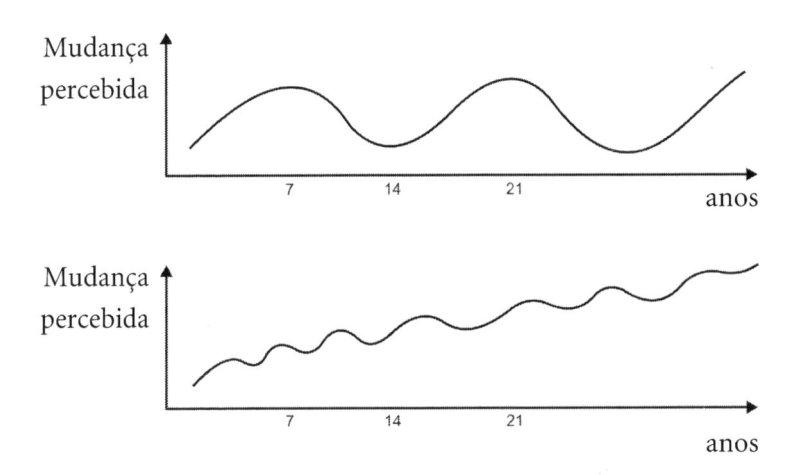

```
         7      14      21
                              anos
```

Mudança percebida

```
         7      14      21
                              anos
```

- Não existe segurança no trabalho, nem voltará a haver jamais. Deixe de esperar por melhores reformas trabalhistas.
- Não há segurança nas relações pessoais, por mais ofuscante que seja o diamante da aliança.
- Não há segurança nas carreiras profissionais.
- Não há segurança acadêmica, muito menos com planos de estudo do tempo em que Apple era apenas uma fruta.
- Não há segurança financeira: é possível ganhar uma fortuna investindo zero vírgula zero euros no marketing de uma boa ideia e perder tudo na próxima bolha-capricho de alguém que se diz investidor.

A nova segurança é a *resiliência*.

Seja duro, mas maleável como o metal, crie contatos, tire os anéis para não se preocupar que caiam, forme-se permanentemente, mova de quando em quando o traseiro da sua quentinha e confortável (e convertida em imprescindível) rotina e, paradoxalmente, estará mais seguro.

Nadar contra a correnteza é extenuante. Aproveitar em zigue-zague as correntes que surgem para chegar ao outro lado leva mais tempo, sim. Mas se acaba chegando.

Desenvolver a resiliência é possível através da autoestima, da autoconfiança e do autoconceito. A resiliência permite resolver problemas complexos com a informação incompleta ou errônea, sentir-se à vontade com a incerteza, estabelecer metas temporárias, criar redes de apoio. Definitivamente: aceitar (que não é resignar-se) e superar os contratempos.

Se alguém cai e a sua vida se quebra em mil pedaços (uma demissão, uma separação, uma injustiça), pode fazer três coisas:

1. Ficar olhando o chão, chorando e lamentando aquilo que perdeu durante o tempo que lhe restar de existência.
2. Juntar os pedaços que encontrar e refazer a vida como puder, arrastando a dor do passado como se fosse um grilhão nos tornozelos.
3. Ajoelhar-se com um só joelho no chão, não os dois. Nunca. Salvo para voltar a se levantar com a cabeça erguida e para voltar a olhar a Vida de você para você mesmo. Para retornar de novo ao campo do jogo, pois a partida, senhores, apenas começou.

Isso é resiliência.

31

A armadilha da responsabilidade

Uma coisa é *dedicar* a nossa vida a um propósito maior que nós mesmos, o qual costuma estar relacionado a servir os outros (seja curar doenças, ensinar, resolver reclamações em uma empresa, fundar uma ONG ou dirigir um táxi) e constitui uma das motivações mais elogiáveis e potentes que existem; e outra bem diferente é *sacrificar* a vida pelos demais, usando esses *demais* como desculpa. Até que ponto uma pessoa se esconde, se defende, quando diz que é responsável por outras, precisamente para não tomar conta da própria vida?

O matiz é sutil. Não é fácil discernir. Ou admitir.

Por educação (?), culpa (?), costume (?) costumamos antepor os demais a nós mesmos, levando às vezes essa filosofia ao extremo de tomar decisões que podem penalizar, menosprezar ou inclusive cercear o nosso próprio bem-estar. Ninguém quer ser tachado de egoísta. A própria palavra "egoísta" dá calafrios.

Nossa sociedade, a que inventamos, apresenta um modelo idôneo, publicitário, de papai-mamãe-filhinhos em que os dois primeiros (ou somente um) se dedicam a batalhar contra dragões e malvados para proteger a prole. Faz sentido, não?

Talvez não.

Quando demos um giro pela primeira vez sobre a Terra há uns 200 mil anos, nos ajeitávamos bastante bem em grupos, em tribos. Cooperação era sinônimo de prevalecer, subsistir; as crianças eram cuidadas por todos, e o papel dos pequenos era formar parte ativa dessa família estendida tribal, em vez de ser o centro e um umbigo dela.

O antropólogo britânico Robin Dunbar defende que, aproximadamente, 150 é o número máximo de humanos com quem podemos nos desenvolver com comodidade como seres tribais que seguimos sendo. Tomem, pois, uma empresa com 2 mil empregados, uma cidade com cem mil ou uma União Europeia com 500 milhões de almas, e imaginem. De fato, nos tornamos ingovernáveis.

O que fazer, então? Trancarmo-nos em nossa fortificada unidade familiar, batalhar por recursos finitos que somente o são em relação ao sistema em que o indivíduo se desenvolve (modifique-se o sistema e os recursos se tornarão necessariamente mais abundantes), ajustar a cabeça para que nos encaixemos como autômatos em ambientes intrinsecamente alheios a nós ou abertamente hostis.

Os pais não dão o suficiente: as dívidas com o banco, os modelos televisivos de uma vida próspera pressionam, o (aparente) sucesso do vizinho os faz querer mais e mais. Com frequência, o pai e a mãe são dois contra o mundo. E, enquanto isso, as crianças aprendem com os seus pais o que observam, e não o que eles mandam. Os pequenos têm uma memória prodigiosa para esquecer o que dizemos a eles que devem fazer quando o que veem na ação dos seus tutores é incoerente.

Hoje em dia, cobrimos as crianças de coisas, de presentes de substitutos materiais do que elas realmente precisam.

No entanto, o que as crianças requerem de verdade é esta sempre escorregadia palavra, amor: atenção, educação, direção, consideração, autoconfiança.

E o amor paterno talvez não signifique "entrego minha vida para você, meu filho", mas possivelmente "guio você para se tornar parte da sua própria tribo enquanto desenvolve os dons que a natureza semeou em você". Dito de outra forma, como mãe/pai sigo tomando conta da minha própria vida, enquanto o acompanho até que tome conta da sua. Pois, mais cedo ou mais tarde, a criança está destinada a deixar para trás os seus progenitores.

Observem quantos pais e mães pedem (ou exigem) um beijo e um abraço de seus filhos a cada noite, a cada manhã, ao ir para o colégio, ao encontrar a avó. Nós nos perguntamos se por acaso o progenitor precisa desse *feedback* do baixinho para apaziguar a sua possível e inconsciente intranquilidade diante do seu trabalho como pai, possivelmente a profissão mais difícil que existe, cravejada de erros (inclusive inadvertidamente).

De fato, não é raro que um baixinho não seja pródigo precisamente em demonstrar esse carinho, pois esse tipo de manifestação carinhosa começa a se dar com maior periodicidade mais tarde: as crianças encontram-se ainda em uma fase de desenvolvimento do cérebro que as aproxima mais do seu eu sobrevivente ("proteja-me, nutra-me, cuide-me") que do maduro intercâmbio de carinho entre adultos. O normal na criança, o seu papel, é *receber*, que não é o mesmo que ser o centro do Universo. O *dar* somente abrirá caminho gradualmente no futuro, em função da própria maturação do seu córtex cerebral e da educação e do ambiente que a rodeia. Podemos obrigar uma criança a compartilhar, mas não podemos obrigá-la a querer compartilhar. Se o seu filho não lhe dá um beijo *motu proprio*, não se fixe nisso: dê você com todo o coração, pois ambos aproveitarão.

Uma criança não é um adulto em miniatura.
Um adolescente não entende muito de cooperação.

Este é o caminho da maturidade humana: da criança dependente ao adolescente independente e daí até o adulto sadio interdependente.

Forcemos essa ordem, essa ascensão até a maturidade do indivíduo, e no futuro o moço terá que ir colocando curativos em sua in/inter/dependência em cada tropeço sério que tiver na vida.

32

Autoridade artificial

Ter problemas com a autoridade talvez seja muito saudável. Deixem-me fazer uma nota biográfica para explicar-me. Durante anos, fui súdito-metido-a-empregado antes de decidir que queria estar do outro lado da mesa: o lado dos que mandam. Levei um tempo, depois de quebrar a cabeça, para respeitar as absurdas e quase nunca escritas normas daquelas organizações, e sofrer nos finais de semana e nas festas por atender os empinados ataques de *reunionitis* dos meus chefes, supervisores, presidentes, vice-presidentes e demais estratificações do poleiro do galinheiro.

Até que, enfim, consegui.

Tive, na época, centenas de pessoas que dependiam do que eu fazia naquele escritório: sim, com certeza, fizemos coisas poderosas, francamente interessantes, inclusive pioneiras. De fato, eu era, hum, feliz fazendo o que fazia. Até que comecei a deixar de ser naquela tarde de inverno.

Eu estava numa reunião com os grandões, debatendo se (ou melhor, como) despediria um cara. O seu crime? Receber renda pelo aluguel da casa dele, que havia negociado em seu tempo livre e que servia para complementar o parco salário que recebia pelo seu trabalho na empresa. Meus graduados camaradas, reinando entre eles e alfinetando-se entre si (muita testosterona sem liberar) levantavam os braços e batiam na mesa (um grande recurso dialético, convenham), enquanto falavam alguns decibéis mais alto do que é socialmente aceitável: "Nesta empresa é preciso haver lealdade!", "O que ele pensa?", coroado com um surpreendente: "E não nos informou!".

De fato, eu estava calculando mentalmente o custo por hora de tanto Comandante-de-Escritório-Nobre desperdiçado na discussão. E, talvez por não estar prevenido o suficiente, cometi a imprudência de falar sobre a livre expressão para questionar tanta honra ferida por tão pouca coisa. Perguntei o que havia de mau em um indivíduo, de maneira legal, inteligente, no seu tempo livre e sem violar nenhum código interno, ganhar uns trocados para compensar um salário magro. Que bobagem isso de abrir a boca quando não se deve.

Ali houve um antes e um depois, tanto na minha forma de ver o mundo como na forma de eles me verem: como um perigo. Mas isso é outra história.

Os que mandam costumam intimidar aqueles que (parecem que) pensam por si mesmos. Talvez estes incômodos rebeldes tenham, apesar da sua competência profissional, o poder de transformar em pó poltronas de couro e mesas de madeira nobre empregando raios invisíveis.

Ou a capacidade de mudar o *status quo* da organização.

E como essa poltrona de couro está quentinha, é preciso protegê-la.

Talvez por isso os primeiros que se vão das empresas sejam, justamente, os mais competentes.

❖ ❖ ❖

Há alguns dias, me perguntaram como focar o trabalho com um cliente de *coaching* que "tem problemas com a autoridade".

"Ele está preso?", perguntei.

"Não. É que se dá mal com o chefe." Veja só. Outra poltrona para proteger.

Alguém vai levantar voo em seguida.

33
Cansado de quê?

Existem dois extremos.

De um lado, está o trabalho em algo que nos cansa, extenua e acaba com a nossa energia. Dá no mesmo estar somente uma hora numa reunião inútil, mais uma, editar no último minuto essa interminável tabela do Excel ou repassar mais uma vez aquela apresentação-chatice no dia anterior à chegada da mãe de todos os chefões. Chegamos em casa e caímos no sofá cansados, vencidos, esgotados, desgostosos, decepcionados ou enfadados com o mundo. Zangados.

Por outro lado, fazer certas coisas, tarefas, nos centra, nos absorve, nos seduz. Não importam as horas que dediquemos a isso: nunca nos cansamos, mesmo que não tenhamos comido ou levantado nossos olhos de uma tela com eternas linhas de codificação, do nosso óleo ainda no esboço, do teste do nosso novo doce, do nosso primeiro protótipo.

Apesar da igualdade de ingestão calórica, da igualdade de horas de sono, da igualdade de ambiente social, a segunda atividade parece nos preencher, não nos esvaziar. Afinal de contas, quem se sente cansado ao criar e produzir aquilo que gosta?

O estresse tem sentido biológico quando fazemos coisas que de fato nos apaixonam?

Mas há outras coisas. O problema do cansaço crônico provocado pelas tarefas que não nos enriquecem é que tal cansaço dispara o instinto de sobrevivência. Portanto, nos tornamos mais suscetíveis, mais agressivos, mais impacientes e, em resumo, menos racionais.

Já não sabemos se descansamos para produzir melhor aquilo de que não gostamos, ou se descansamos porque, ao fazer durante tanto tempo o que não nos apaixona, sofremos um esgotamento com maior rapidez. Nem descansando nos sentimos descansados (pense na letargia anímica pós-férias). E dá no mesmo tomar geleia real, ginseng, taurina em lata ou colocar a última pulseira revigorante, nada nos devolve a energia.

Sim, tomaremos todo tipo de energéticos e complexos vitamínicos, mas cada vez que voltarmos a nos meter no vespeiro aumentarão as suspeitas de que, de fato, essa é outra peça do quebra-cabeça que não se encaixa.

Mas, ao contrário, para o segundo tipo de tarefas não há uma fronteira entre o que (outros) dizem que é trabalho e o que (esses mesmos) dizem que é ócio: nem o trabalho é uma tortura, um mal necessário para pagar as contas, nem em seu tempo de ócio é preciso se desconectar de algo que o prende e o deixa apaixonado.

34
Quartel de inverno: bater em retirada

Em determinadas situações, um indivíduo sente que a sua situação exige luta. Nesse caso, falar de estar motivado para avançar, progredir, superar os obstáculos é bonito, agradável, inspirador. Mas quando uma pessoa está em modo *luta*, demonstra como concebe o seu lugar no mundo e não tem nenhuma intenção de considerar outro enfoque: qualquer alternativa é parafernália, fogos de artifício, fumaça.

Sim, é muito simples mencionar as palavras "aceitar", "tolerar" ou "ser flexível" como instrução. É impecável do ponto de vista teórico-conceitual, sem dúvida, mas pouco prático para uma pessoa que, nesse momento, precisa de algo mais do que belas elucubrações.

Às vezes, entre *fluir* e *lutar* poderia haver uma terceira via, similar a uma das mais clássicas estratégias militares: a retirada para o quartel de inverno. Deixe as tropas voltarem para casa durante os meses de frio, dê comida aos cavalos, nutra o seu exército, abrigue os homens. Dê tempo para que se recomponham, fortaleçam-se, formem-se, ganhem experiência, perspectiva.

Vivemos numa sociedade orientada ao sucesso mais visível e imediato, no qual a *retirada* é taxada de *covardia*. Escolher as batalhas que podemos sustentar é uma das aprendizagens da vida que possivelmente revele maior sabedoria: até que ponto é válido batalhar por uma determinada situação ou obstáculo; quando é preciso continuar carregando a catapulta; quando recolher as velas. Nenhuma vitória é segura e eterna. Nenhuma derrota está profetizada nos escritos mais sagrados.

Ambas as faces da moeda podem ser alternadas segundo os desígnios do tempo e o estímulo do indivíduo. Mas somente podemos decidir sobre o segundo.

Retirar-se não é fugir.

❖ ❖ ❖

Por um lado, ainda que *fluir* talvez não pareça o melhor, frequentemente é ótimo. Talvez o Universo (a Vida, as circunstâncias) nos coloque na situação de ter que nos deixar levar, nem que seja temporariamente, mesmo que seja por uma inundação e justamente para poder sair dela assim que as águas se acalmem e se expandam rio abaixo. Um conhecido meu, R., imerso num processo muito desagradável de divórcio que ameaçava fazê-lo perder num tempo recorde tudo em que havia levado anos investindo (uma relação, filhos, casa, economias), afirmava: "Estou cansado de nadar contra a correnteza, me dou por satisfeito simplesmente por me manter na superfície... Enquanto puder seguir respirando, tudo bem. Isso também vai passar".

Bater em retirada não é *fugir*. É fortalecer-se. Modernizar a artilharia pessoal. Preparar o ataque seguinte ao forte das nossas próprias limitações quando o antigo já morreu e o novo ainda não nasceu. Deixar de nos apegar ao que não é nem será mais e nos autorizar a ir além para inventar uma nova vida, uma nova tarefa, uma nova relação; para curar a nossa alma, fortificar o nosso corpo, expandir a nossa mente.

Agora é inverno para muitos.

Mas esse também passará.

Encontre o seu quartel.

Se o que ocorreu não o derrotou e você segue respirando, o fez mais forte.

Descanse o quanto precisar e, então, sim, volte a decidir:

Lutar.

Ou fluir.

35

O (in)seguro é (in)seguro

Por um lado, que a *mudança* é a única constante parece claro. Ao menos em teoria.

Por outro lado, as pessoas tendem a buscar este conceito tão escorregadio de definir o que é a *felicidade*. Como quer que cada um de nós a conceba.

Talvez ela seja um apanhado da interação de três êxitos: pessoal, profissional e financeiro. Um equilíbrio que é único para cada um e que costuma evoluir segundo as circunstâncias e as experiências de cada indivíduo.

Que esse equilíbrio se modifica nos vaivéns da vida, muitos dos quais são imprevisíveis, é igualmente claro. No entanto, seja por nossa própria insegurança, seja por astúcia comercial, seja pela ilusória obstinação em domar o indomável, nos convidam a *comprar* sofismas, disfarçados de produtos, crenças ou valores culturais que, aparentemente, salvam a permanente (in)segurança do (in)seguro, mas cujos fundamentos acabam sucumbindo com os anos, sob o seu próprio peso, deixando de passagem mais de um sussurrando: "Mas o que aconteceu aqui?".

Aqui estão alguns desses paradigmas de barro que seguem quebrando sob o peso da nossa experiência ou o mero transcorrer do tempo:

- *Êxito profissional:* os contratos indefinidos nas empresas, as carreiras que "têm saída", a adição à folha de pagamento, a procura por um trabalho que "me realize", a ascensão hierárquica na empresa, a alienação do empregado em relação aos objetivos da organização.
- *Êxito pessoal:* os amigos para sempre, as redes sociais sem sociedades de confiança, os laços matrimoniais vitalícios, os vícios tóxicos para o corpo ou a mente.
- *Êxito financeiro:* os seguros contra todo o assegurável, as hipotecas de quarenta anos, os fundos de investimento em ativos que nem o gerente comercial do banco sabe explicar, o endividamento constante, a pensão, os investimentos seguros (quase sempre um oximoro).

Se analisarmos em profundidade cada um deles, constataremos que na verdade são invólucros coloridos que embelezam uma emoção que preferiríamos manter anestesiada.

Cada um desses valores culturais, produtos e serviços, na verdade, é colocado por vendedores de *medo*. Medo de que roubem a minha casa, medo de não ter dinheiro quando me aposentar, medo de que me demitam, medo de que meu amor ame outro(a), medo de terminar a minha formação acadêmica para engrossar os índices de desempregados, medo das doenças, medo de perder o meu dinheiro, medo de que tirem o meu status.

Medo de ser infeliz.

Voltemos ao primeiro parágrafo: "A mudança é a única constante, parece claro. Ao menos em teoria".

Quando então analisaremos o lado *prático*?

**A mudança veio, vem e virá
às nossas vidas.
Algumas serão desejadas, outras
aborrecidas, algumas surpreendentes,
outras (todas?) virão porque as
teremos provocado.**

Há anos, os consultores empresariais investiam milhões em programas de "gestão da mudança", um eufemismo consistente para formar e motivar (?) os empregados para escolher entre passar pelo buraco da agulha ou recorrer ao faniquito quando algo em suas empresas deixava de ser igual a antes.

Ainda que incomode, machuque ou doa, abrace a mudança que a vida lhe trouxer. Tape o nariz e engula rápido se for preciso, mas não tente despejar o xarope amargo pelo ralo quando ninguém estiver olhando. Esse mesmo xarope acabará voltando para a sua mesa... em dose dupla, e sem pão para acompanhar.

Pode estar certo.

Quanto antes aceitar e se adaptar, mais cedo poderá voltar a navegar a todo vapor. Do contrário, logo perceberá que o seu barco, esse com o qual vinha remando até agora, já não flutua tão bem como antes.

36

Quando é sensato competir

Há múltiplos ângulos para entender, e viver, o significado de *competir*, entre os quais há um que fortalece e outro que desgasta.

Podemos competir contra outro indivíduo para demonstrar que se é o melhor (mais alto, mais bonito, mais loiro), mas, previsivelmente, essas comparações nunca terão um final. Sempre haverá alguém mais alto, mais bonito, mais loiro. Ou melhor preparado, mais inteligente, com mais dinheiro, com namoradas mais deslumbrantes, mais, mais, mais... Não tem fim. Sim, é frustrante. E absurdo.

Também há outro ângulo: o de que se compete consigo mesmo, elevando a própria marca graças ao fato de competir com outro a quem você valoriza no papel de rival. Esse rival, em si, não é um inimigo a combater, mas o estímulo que move o nosso eu a subir cada vez mais a aposta: "Vamos ver se sou capaz de conseguir isso".

O seu rival transforma-se no seu próprio espelho: se ele o supera, é hora de se esforçar. Se o seu rival é superado, a embriaguez da autocomplacência esperará silenciosa às suas costas. Esse rival não deve ser depreciado; muito pelo contrário, deve ser venerado. Graças a ele, crescemos. Sem ele, nos tornamos arrogantes.

Nadal sem Federer não seria Nadal. Federer sem Nadal não teria chegado a ser Federer.

Essa é a competição que expande horizontes, amplia a nossa aprendizagem, nos provoca a alcançar o cume seguinte. Não provocamos o outro: superamos a nós mesmos diante da excelência do outro.

Sentir-se grande diante da supressão do outro ou de alguém mais fraco é fútil; revela com luzes rosadas de neon justamente o que pretende esconder: uma monumental dúvida nas próprias capacidades.

> **Eleve a sua própria marca.**
> **Encontre um rival melhor do que**
> **você naquilo que há tempos você**
> **está resistindo a aprender.**

Quando superar esse rival, não se esqueça de agradecer o que ele fez por você ao motivá-lo e acompanhá-lo nesse progresso que você necessitava fazer em sua vida.

Mas lembre-se de olhar para trás de vez em quando.

A autocomplacência costuma nos visitar com palavras doces.

E sigilosamente.

37

A maestria do aprendiz

A palavra *motivação* resume em sua etimologia a chave de qualquer avanço, conquista e progresso desde que a humanidade é tal. A motivação engloba os motivos, as razões pelas quais atuamos, nos movimentamos em prol de algo. Se agirmos sem uma razão sólida (na nossa mente) durante um prolongado período de tempo, sucumbiremos à pungente dúvida sobre a falta de sentido das nossas ações: "Não sei o que faço neste trabalho...", "Não sei por que sigo com esta pessoa...", "Não sei para que estou estudando para este exame...", "Não sei o que faço nesta cidade...".

Nosso propósito é desenvolver-nos por um mundo curioso, inquieto, em movimento, que demanda respostas ágeis da nossa parte. A alternativa é o mofo que precede a rotina diária e não questionada. A morte em vida.

Tudo aquilo que nos move adota duas formas: a motivação intrínseca (o prazer na execução da tarefa em que estamos envolvidos, sobretudo se alcançamos certo grau de maestria na mesma) ou a extrínseca (o que realizamos em troca de algum tipo de reforço externo, como dinheiro, amor, sexo, aceitação, poder, segurança, reconhecimento, fama). Curiosamente, de Picasso a Zuckerberg, aqueles indivíduos que ficam obcecados em se transformar em mestres de seus ofícios simplesmente *porque sim* costumam acabar alcançando uma projeção de sucesso externo mesmo que, paradoxalmente, esse não tivesse sido o seu objetivo em primeira instância.

Estamos falando de dois enfoques díspares: 1) passar a vida procurando maneiras de, por exemplo, fazer dinheiro, nesse caso seguramente vamos pulando de um trabalho a outro, de um projeto a outro que nos permita seguir na roda; ou 2) investir centenas de horas para alcançar excelência em certa disciplina que nos apaixone, na confiança de que o dinheiro "já chegará, e em grandes quantidades", uma vez que essa maestria seja socialmente reconhecida e o mercado decida pagar por ela.

"Você quer um doce agora ou, se esperar duas horas, lhe dou dois?", "E pelo pacote inteiro, quanto tempo você esperaria?".*

A primeira das opções repete a trajetória da pedra que atirávamos quando crianças nos lagos para fazer ondas, maravilhando-nos diante da nossa destreza em fazê-la emergir e submergir duas, três, quatro vezes antes de afundar. O segundo enfoque se obstina em chegar até a essência da tarefa, a excelência, a maestria, o domínio de, talvez, uma coisa só.

"Para mim já é tarde", diremos a nós mesmos. "Já estou velho." "Não posso mais aprender nada novo."

Discordemos.

O cérebro é plástico e expansível ao longo de toda a vida, sempre que for exercitado. Nesse sentido, comporta-se como um músculo. Desafie-o continuamente e ele o acompanhará cada vez mais saudável durante anos.

---

* Perguntas inspiradas na experiência conduzida pelo psicólogo Walter Mischel na Universidade de Stanford em 1972. Não mudamos tanto desde então. Substituamos somente "doces" por "reconhecimento" ou qualquer coisa que nos mova e teremos a dúvida: é verdade que mais vale um pássaro na mão?

Você pode se permitir investir esses milhares de horas necessárias para adquirir, desenvolver e maximizar o desempenho de uma nova destreza até o auge da maestria.

Vamos dizer que você tenha um trabalho em turno integral, de quarenta horas semanais. Suponha-se que você dedique em média, a cada semana, umas 35 horas para melhorar a sua habilidade, seja esculpir, aprender um idioma que lhe interesse, desenhar um novo veículo solar ou fabricar uma pasta de dentes que não faça espuma. Depois de seis anos, terá acumulado mais de 10 mil horas de prática e, possivelmente, já começará a chamar a atenção daquelas pessoas interessadas naquele que se transformou num virtuose.

Necessitamos de excelentes mestres neste planeta.

Ainda há tempo.

Atenda ao chamado.

38

"Com-paixão" ou pena

Toda vida humana, toda, sofreu antes ou depois, consciente ou inadvertidamente, uma bateria de invalidações na infância por parte dos seus provedores de cuidados (pais, tutores), como subproduto do próprio processo da educação regrada e da educação social.

Se uma criança decide enfiar o dedo em uma tomada, naturalmente os seus pais a prevenirão para evitar, no melhor dos casos, que o pequeno sofra uma experiência muito desagradável. Mas, apesar dessa indiscutível boa intenção, o que ocorre paralelamente é que a mensagem implícita que essa criança recebe é incapacitante ("experimentar é ruim, por isso não me deixam fazer isso") ou limitante ("você não se basta sozinho para se mover pelo mundo, precisa que alguém lhe dê permissão para agir"). Ambas as mensagens podem obstruir o desenvolvimento das primeiras sementes da sua futura independência.

Mais para frente em suas vidas, alguns adultos buscarão as vias para terminar de curar a sua própria independência através das suas tarefas profissionais, pessoais ou financeiras, procurando trabalhos, relações, hábitos que venham a completar o que talvez estranhassem quando pequenos. No entanto, num recorrente ensaio-erro-erro-erro-acerto, essas vias acabam por atrair problemas para aquele que está nessa batalha, problemas estes que outros ao redor podem julgar como insignificantes ou extraordinários.

Esses juízos de valor são irrelevantes para quem batalha: são os dragões que escolheu enfrentar a cada dia com vacilação, talvez, mas também com obstinação.

O seu esforço é merecedor de cada gota de nossa *compaixão*, nossa empatia, mas não de nossa *pena*. Ninguém que luta pelo que acredita ou pela desintegração dos seus próprios limites merece um só milímetro de pena.

Quando alguém se aproximar para nos confiar um problema, uma frustração, talvez seja necessário que façamos o esforço de observar a *criança* que temos diante de nós, tenha a idade que tiver o nosso interlocutor, para respeitá-lo e apreciá-lo com compaixão; valorizá-lo como um indivíduo com incontáveis facetas que é, ao mesmo tempo, duro e frágil, forte e maleável, plástico e resistente. Às vezes como o gesso, às vezes como o diamante.

Não, isso não é pena.

A pena vitimiza a pessoa.

Tanto aquele que a recebe como o que sente. Ambos. A pena debilita e oferece uma nova desculpa para abraçar o "pobre de mim" que tanto benefício pode conceder a mais de uma *vítima profissional* subtraindo, de passagem, a energia da vítima da vítima. Você.

Justamente o contrário do que queremos que o outro consiga: libertar-se, retomar o poder sobre as suas decisões, assumir a responsabilidade por seus atos.

Merece ser repetido: ninguém que trabalhe duro para romper os seus limites merece pena.

Quem não for apoiar, melhor que saia do caminho.

39

Simplificar, simplificar, simplificar

Simplifique na sua vida tudo o que for possível.

E, quando tiver simplificado todo o possível, simplifique ainda mais.

Elimine todas aquelas coisas, tarefas, compromissos que absorvem o seu tempo, o seu dinheiro, a sua energia e não lhe dizem nada. Delegue ou jogue no lixo.

Apague da sua agenda aquelas atividades que não somam nenhum valor, mas que você faz por hábito, por preguiça de mudar, pela aparente intranquilidade que você suponha que, de repente, as horas para estar sozinho consigo mesmo possam lhe causar. É vital permitir-se periodicamente esse tempo para dar um passo atrás e ver o quadro completo dos seus atos desde a infância. Esse é o único modo que nos permite voltar a nos aproximar depois e continuar polindo os detalhes da paisagem da nossa existência.

Despeça-se e deseje o melhor às pessoas que roubam o seu ânimo, as suas horas, a clareza da sua mente, a sua motivação.

Libere mais espaço e tempo para as pessoas valiosas.

O intercâmbio pessoal traz muitas aprendizagens, vivências, experiências, sabedoria. Mas não estenda esse prazo artificialmente em honra à concórdia ou ao costume, pois essas relações acabarão por se deteriorar sem necessidade.

A vida já nos lança suficientes razões, desafios, obstáculos, metas, para nos deixar entretidos por um bom tempo.

Não a saturemos mais com o supérfluo.

40
É de fato importante?

Você tem medo de que a sua ideia fracasse? Não perca tempo indo a aulas de contabilidade. Teste a sua ideia, o seu projeto, com os seus primeiros clientes, seguidores, partidários. Dependendo do que digam, pegue então a sua ideia e lapide-a, melhore-a, esprema-a, descarte-a, atualize-a, corte-a em bifes, pinte-a de vermelho...

Entre se lançar ao mercado com tudo já montado ou oferecer um arremedo de produto, de ideia, de design, estão todas as opções imagináveis.

"O mercado" começa com o primeiro cliente.

Ainda que seja com um protótipo... Teste.

Deixe que os seus primeiros seguidores destrocem o seu produto se for preciso. É o melhor presente que podem dar para melhorá-lo. Não duvide disso.

Melhore-o, então.

E, agora sim, vá fazer a contabilidade.

Ou, melhor ainda, procure um bom contador.

41
Estar ocupado para pensar

À s vezes nos perguntamos se, em nossa existência ao longo da História, alguma outra vez estivemos tão atarefados e estressados como hoje em dia. Ao menos deste lado do planeta.

Muito possivelmente, há três ou quatro décadas, uma das metas dos projetistas e fabricantes de máquinas foi aliviar a nossa rotina diária de esforço para ganharmos tempo livre para dedicar ao ócio, à família, ao esporte, aos passatempos. E agora temos computadores mais rápidos, processadores cada vez mais diminutos e potentes, conexões de internet vertiginosas, que, graças a um tipo de obsessão compulsiva por produzir mais e mais coisas (que ninguém nunca vai comprar, porque já existem coisas *demais*), foram a semente para a *escritorização* do indivíduo.

De fato, faz alguns anos que já não é necessário que envelheçamos nos engarrafamentos diários na ida e na volta do escritório, nem que nos parafusemos a essa cadeira com rodinhas que tão poucas manobras permite sobre o carpete do escritório em frente à tela plana e ao teclado sem fio escondido entre os post-its. Podemos, *enfim* (?), estar permanentemente conectados com clientes e amigos, escrever relatórios em um táxi ou em um aeroporto, compor música com um só dedo ou geolocalizar-nos para apaziguar as inclinações de dominatrix de um chefinho ou as inquietudes de um parceiro que suspeita levar uns chifres.

Louvável inquietude daqueles engenheiros, sem dúvida. No entanto, o resultado final é algo diferente do antecipado em primeira instância. Certamente, hoje podemos fazer o mesmo que há uma década, só que na metade do tempo. Pois bem, no lugar de dedicar as horas que supostamente ganhamos *em* e *para* nós, fazemos o que um comerciante de escravos teria matado para conseguir há alguns séculos.

Por acaso dedicamos esse tempo que ganhamos para gastá-lo conosco mesmos, com a vida contemplativa, para sestear, concluir a indomável operação biquíni, aprender a escrita cuneiforme ou convidar a companheira para jantar? Alguma suspeita?

Não.

Utilizamos essas horas para trabalhar mais.

Se o que alguém faz para ganhar a vida é compatível com a sua paixão, é fácil se perder, se encasular, durante horas e horas com os smartphones, facebooks, twitters, e-mails e googles do momento. Nós nos conectamos ao que fazemos e, sem nos dar conta, amanhecemos espichando o braço, com a luz apagada, para pegar o celular da mesinha de cabeceira e consultar as 37 novas mensagens e atualizações; e nos deitamos dezoito horas mais tarde dizendo: "É sério, amor, só esta última", sobre a penúltima oferta de viagens *low cost* para as Ilhas Aleutianas.

Curioso. Pagam-nos e mantêm-nos entretidos para continuar fazendo coisas, mas não para pensar. Se um chefe nos pega offside pensando, com os olhos na tela, mas focando o infinito, nos chamará a atenção por dilapidar o nosso tempo e o seu dinheiro. Se uma pessoa próxima nos encontra de corpo presente, mas com a mente ausente, não hesitará em nos interromper e nos fazer voltar ao aqui e agora e perguntar, com ar sério, se está acontecendo algo conosco, se estamos preocupados ou apaixonados, "e me conte tudo, que sou seu amigo do peito".

O que muitos não lembram (ou ainda não sabem) é que somos seres naturalmente pensantes, o que implica que estamos permanentemente honrando essa condição mesmo que estejamos dormindo. No nível consciente, para dar um exemplo, é como cada vez que planejamos o caminho mais curto para voltar para casa, e um congestionamento devido a obras para os Jogos Olímpicos que nunca chegam nos obriga a desviar por uma rua não habitual. No nível inconsciente, quando entramos numa espécie de microssonho em vigília, cujo fim parece ser consolidar pensamentos e reflexões, encontrar novas soluções sem intervenção da mente consciente ou para simplesmente relaxar o nosso sistema ativo de atenção.*

Talvez não pratiquemos tanto quanto deveríamos essa forma de pensamento inconsciente por meio do relaxamento. Ao contrário, idealizamos maneiras de nos manter atarefados, como se aparentar estar fazendo algo, seja o que for, fosse o mesmo que fazer algo efetivo para o nosso projeto de bem-estar ou, talvez, um pretexto adicional para não mergulhar demais na nossa própria existência. Costumamos nos autoimpor constantes e inovadoras razões para não pensar em nós mesmos e, em seguida, nos apegamos a elas para repetir um dos nossos mantras favoritos:

---

* Há escolas, como a de Wittering na Holanda, nas quais o professorado está terminantemente proibido de interromper as crianças quando elas ficam com esse olhar absorto no infinito, durante esses instantes que às vezes acontecem com todos nós. O pequeno não está dormindo, não está sendo um zangão desrespeitoso, não está ignorando o que é ensinado. Ao contrário, está empregando recursos calóricos para gravar esta informação (ou a anterior) no disco rígido de seu cérebro, para deixá-lo em situação de pré-aprendizagem. Sim, às vezes isso requer um maior esforço do professor ao precisar repetir a informação. Entretanto, quem aprendeu tudo na vida sem repetição que levante a mão.

"É que não tenho tempo para... (sentar e pensar, planejar, dar este telefonema)".

Sejamos claros: às vezes não fazer nada é mais produtivo para a mente do que estar sempre (aparentemente) atarefado, como esses passageiros de avião que já ligam o celular escondidos da tripulação nem bem a nave toca a terra.

Encontre os seus momentos para o *nada*. Todos os dias. Dedique tempo para deixar que a sua mente se libere, vague, navegue para nenhum lugar. Permita-lhe o benefício da quietude, sem lhe pedir maiores rendimentos. Por alguns minutos, pendure na porta do seu cérebro o cartaz: "Já volto. Assinado: a Direção". Oxigene a maquinaria de elite que você abriga entre as orelhas. Pratique métodos de respiração para aliviar o seu ritmo cardíaco não somente quando as coisas estiverem ruins, mas quando se mostrarem cor-de-rosa. Faça exercícios aeróbicos mesmo que (ou justamente porque) lá fora esteja nevando. Permita-se um tempo para relaxar, para se ausentar do mundo a cada manhã antes de se levantar, a cada noite antes de dormir.

Mas também faça o contrário. Dedique tempo para jogar, experimentar essas novas ideias loucas, muito loucas, para os seus projetos. Deixe de usar condicionantes ("Quando eu tiver dinheiro, contatos, experiência, formação, farei tal coisa...") para se colocar *condicionais* que abram possibilidades ("E se eu experimentasse...?", "Por que não tentar...?").

Diariamente, passamos tempo demais satisfazendo as demandas de atenção das pessoas que nos rodeiam: colegas, chefes, marido/mulher, família, amigos, papeladas, seres com pressa que nos dão cotovelaços no ônibus.

Reserve uma hora para estar consigo mesmo a cada dia.

Descubra aos poucos como *ser*, não somente um *fazedor* de coisas, mas provedor de soluções.

Dê aos demais o tempo que estima que deva conceder. Mas lembre-se de ficar com tempo para você. Tempo apenas seu.

Possivelmente este seja, no final das contas, o único ativo, e o mais valioso, da contabilidade da sua vida.

42

Trabalhe menos. Fale mais

De ideias geniais os cemitérios estão cheios, esses lugares onde se diluem no vazio aquelas frases que foram afirmadas com tanta veemência, aquelas que começam com os "Eu gostaria..., se tivesse tempo, faria..., aqui o que cairia bem seria...", mas que se perdem nos "Não tenho tempo, não tenho dinheiro, não tenho idade, meu círculo não entenderia".

É indiferente o quão genial seja a sua ideia: mais cedo ou mais tarde, você deve vendê-la, ou melhor, ela deverá ser convincente o bastante para que outras centenas, milhares de pessoas a comprem.

Para isso, dizem os manuais de sucesso, é preciso trabalhar. Trabalhar muito. Trabalhar sem descanso. Escolher entre cuidar das suas relações ou fazer prosperar a sua ideia; entre cuidar-se fisicamente ou mimar a sua ideia como se fosse um bebê prematuro.

Talvez a questão, entretanto, não gire em torno de se devemos nos centrar em trabalhar muito, mas em assegurar que o esforço dedicado seja inteligente, para depois não ter que trabalhar mais.

Qualquer projeto novo requer três tipos de esforço:

1. *Operacional*: concentrar-se em assegurar que as coisas se materializem. A princípio, aquelas pessoas que

estão mais envolvidas no projeto tendem a dedicar o máximo esforço em produzir, produzir e produzir, mas sem ter muito claro que o produzido, de fato, vai ser trocado em algum momento por dinheiro, tempo ou outro produto.
2. *Comercial*: é o trabalho de conseguir que o produzido tenha saída em um mercado. Vender, vender e vender. Alguns inclusive acreditam que, se o produto é bom, os clientes e usuários virão sozinhos. Não necessariamente. É preciso fazer contatos, observações, novos contatos, segundas e terceiras observações, apresentar ofertas de amostras grátis, cortar ou incrementar margens que redundem em preços de entrada mais atraentes e fazer propostas para que o produto/serviço ofertado possa ser comprado e idealmente preferido entre os já existentes.
3. *Delegatório*: é o salto realizado por quem empreende ao confiar em terceiros que não necessariamente estavam envolvidos inicialmente no projeto. Antes ou depois, o trabalho operativo e o comercial devem ser delegados, pois aquele que o fazia até agora não dá mais de si e precisa recarregar as baterias de tempo para idealizar novos projetos, identificar novos segmentos, seguir surpreendendo os principais clientes, encontrar novos financiamentos. Ou, simplesmente, porque não tem vontade de verdade de seguir trabalhando. Pois para isso criou um sistema que funciona sozinho.

Previsivelmente, a evolução nos anos seguintes seguirá uma das rotas similares ao seguinte cenário.

Em primeiro lugar, o empreendedor tentará vender o máximo possível – atividade comercial – e por isso se centrará na trabalhosa missão de tirar o pó da agenda de contatos para localizar os possíveis interessados em seu produto, passando pela foto de formatura do curso secundário até o e-mail do primo canadense do vizinho, que conhece bem o setor. Todos, todos valem se podem enriquecer a experiência do empreendedor (e, de passagem, ao menos ir colocando comida na mesa). Não é possível ser muito seletivo neste estágio: os mil euros de uma grande e conhecida multinacional têm o mesmo valor dos mil euros de uma pequena empresa que ingressou num novo mercado. Nesta fase, o trabalho operacional acabará sendo aquele ao qual a noite é dedicada, quando o resto da casa e o cliente dormem. Delegar? Ufa! Praticamente irá conseguir amigos, colegas e uma boa agenda de freelancers que tragam perícia comercial e operacional focados na materialização de novos projetos simbióticos com o líder. Talvez sejam épocas duras, sim, mas são vividas com ilusão, grandes ideias e pouco dinheiro.

Num segundo estágio, a cartela de clientes começa a ficar repleta e a reputação do nosso provedor de soluções começa a convencer novos compradores mais conservadores que, convenientemente, não serão apenas os clientes habituais, mas solicitarão orçamentos maiores ao empreendedor já não tão novato. Talvez o esforço comercial já não deva ser tão intensivo, mas o operacional o supera em muito: se acumulam as datas-limite, as correções de última hora, as reuniões imprevistas. A delegação segue sendo um salva-vidas quando o empreendedor anda um pouco desanimado de enxugar água em tantas frentes. Não é um objetivo primordial dessa delegação: o cliente pode escolher, e geralmente prefere, ver o rosto do responsável e não está disposto a que lhe designem alguém que não conhecem. Para você também seria difícil abrir a boca para um dentista desconhecido mesmo que ele trabalhe na equipe de um reconhecido especialista em cirurgia bucal.

Mas aqui é onde se encontra o ponto de inflexão.

Uma pessoa pode empreender por dinheiro. Ou para trabalhar no que a apaixona. Ou para não ter chefe. Mas uma pessoa que empreende também o faz para *comprar* o seu próprio tempo. E para isso não há escolha, precisará aprender a delegar. Poderá querer esse tempo que *comprou* para planejar novas estratégias ou para ver a grama crescer. Isso é secundário e assunto seu. Mas para poder desfrutar dessa liberdade real é fundamental que você construa estruturas de delegação: pessoas que sabem e querem fazer o que devem fazer sem que se tenha que pagar um chefe para controlá-las. Estes tempos são magníficos para os microempreendedores: sistemas de informática que permitem que um cliente faça um pedido às quatro da manhã sem que o empreendedor esteja cabeceando do outro lado da tela, ou a subcontratação de todos esses processos da organização que são secundários, embora necessários (desde o pagamento de honorários a esses agentes livres até a gestão de produtos semiprontos trazidos de navio vindos do outro hemisfério).

Se o empreendedor gosta do que faz (que é o mais habitual, pois, se não fosse assim, os períodos duros, que existem, seriam insuperáveis), então é fácil que termine se centrando no papel operacional, comercial ou no controle dos agentes a quem o delegou.

Mas, se a pessoa quer ter tempo para usá-lo como quiser, então deve investir engenho para assegurar que o seu projeto cresça, nutra-se e sirva com excelência impecável aos seus produtos. Mesmo que esteja dormindo. Mesmo que tire seis meses sabáticos.

Quando você for se lançar por sua conta, talvez deva avaliar se o seu propósito é realizar *de fato* os projetos, vendê-los ou viver deles graças às suas estruturas de delegação.

Escolha entre viver para o seu projeto ou viver dele.

Depende, claro, de quanto lhe apetecer aquele período sabático.

43

O futuro tem um presente

A mente tende a sentir-se desconfortável com o que não tem uma explicação aparente.

Não sabemos o quão grande é o Universo, por isso chegamos a assumir que somos o próprio centro do cosmos visível. E assim acreditamos durante séculos.

Não sabemos como se gerou a vida, o que é o Bem ou o Mal, então idealizamos divindades humanizadas a partir das quais criamos e justificamos respostas nossas que colocamos nas suas bocas.

Desconhecemos por que as coisas nos acontecem, sobretudo quando são contratempos, problemas ou duras perdas, de modo que ferimos o nosso cérebro com "Por quê? Por quê? Por quê?" até que cheguemos a uma resposta plausível e aceitável para nós mesmos e, talvez, para todos aqueles que não andem muito atarefados com os seus próprios porquês a ponto de nos dar um pouco da sua atenção.

A vida pode acabar sendo uma sucessão de fatos sem aparente relação, mas, às vezes, nós damos sentido a ela unindo cada um desses fatos com o objetivo de procurar uma história com uma trama, como um nó e um desfecho, ou de encontrar uma figura familiar para nos orientar, como quando éramos pequenos e víamos aquelas tortas de nata, veleiros e unicórnios ao levantar o olhar para as nuvens no verão.

Nossa mente revive cada dia a partir das memórias e recordações daquilo que foi (ou acreditamos que foi) e dos sonhos e antecipações do que queríamos que fosse o futuro. Este pêndulo *passado* → *futuro* → *passado* → *futuro* tão característico a nós com o qual gastamos os segundos do nosso tempo ("antes tudo era mais fácil", "amanhã tratarei disso") nos impede de ver o presente imediato que escorre entre os dedos tão rápido como a areia que tentamos reter.

Paradoxalmente, o contrário é a desculpa perfeita para não fazer nada diferente: nos ensimesmamos tanto num presente de tarefas e deveres imediatos que os usamos para encobrir os desejos da nossa alma, como uma bolha mágica que nos protege de encarar um futuro opaco e imprevisível.

Pouco se pode fazer com os acontecimentos passados, mesmo que não seja assim com a sua interpretação. Esses acontecimentos permanecerão a vida toda sujeitos ao olhar da nossa maturidade, a serenidade da perspectiva que somente os anos nos dão e a calma de permanecer cada vez mais indiferentes às expectativas que outros têm sobre como deveríamos conduzir a nossa existência. O que ontem acreditávamos ser uma desgraça torna-se o que de melhor poderia ter acontecido. Pode ser uma bênção que os fatos menos gratos possam ser gravados em nossas lembranças com as cores que escolhamos sem sucumbir à carga emocional de então. O tempo cura a dor e filtra as melhores recordações como mecanismo de proteção da nossa psique.

O futuro, por sua parte, pode dar mais jogo.

Considere hoje, agora, este preci(o)so minuto da sua vida. Tudo, tudo, absolutamente tudo o que você fez de maneira consciente (e aquilo que o subconsciente também decidiu por você) lhe trouxe, precisamente, a ler esta página, esta linha, neste preciso momento. Uma só decisão feita há vinte anos ou há vinte minutos o teria levado a um futuro completamente diferente. Talvez não tivesse conhecido essa pessoa tão especial há uma década; possivelmente não teria trabalhado naquela empresa que lhe abriu tantas portas (ou fechou aquelas que você nunca quis atravessar); não teria se encontrado na esquina com um amigo de infância na terça passada; não teria lido na viagem de trem desta manhã o artigo no jornal do viajante da frente de que tanto gostou.

Não escolhemos que nosso coração bata, que nossos pulmões respirem, que nossos olhos pisquem, que nosso cabelo cresça ou que nosso estômago faça a digestão, ou que determinados pensamentos fluam no piloto automático graças ao hábito integrado da nossa mente que os engraxa para fazerem o seu trabalho com o mínimo necessário de atenção e esforço.

Mas, sim, escolhemos adotar certos hábitos. Como escolhemos nos desfazer deles.

Subir dentro de uma hora o Everest é uma decisão fútil. Preparar-se conscientemente, treinar, adquirir o material adequado e encontrar os melhores xerpas durante os próximos quinze meses pode levá-lo a subir essa montanha e todas as outras que aparecerem na sua frente.

Criar uma multinacional em quatro semanas é uma das melhores maneiras de dilapidar o capital empregado. Mas gerar durante dois anos uma base de seguidores do seu produto, investir em sua própria credibilidade como empresa, recompensar sempre a valiosíssima atenção que o seus partidários e apoiadores lhe concedam, quebrar as poeirentas e sagradas tábuas dos mandamentos da gestão de recursos humanos para escrever outras novas que seduzam a sua equipe pode transformá-lo em capa da *Time*. (Mesmo que isso lhe seja indiferente.)

Tenha em mente:

Não há objetivos impossíveis. Há prazos inadequados.

Construir um novo futuro que não se transforme numa sucessão desconexa de fatos implica planejar os seus objetivos *por escrito*: aquilo que deseja manifestar, criar, construir. Os objetivos concretos têm indicadores concretos de êxito: uma data, uma cifra, um marco, uma mudança, um novo trabalho, uma nova transição vital. Defina vagamente o que você quer e vagamente poderá alcançar. Agora, não tenha a mínima dúvida de que o plano não será cumprido exatamente como o havia idealizado, por isso desista de ter o controle de tudo. Não é possível.

Esta é a prova em que muitos sucumbem. Como o plano falha, pensamos que é porque os objetivos são muito ambiciosos.

"É preciso se conformar com menos."

Um objetivo que não é ambicioso não é um objetivo. Se for necessário, mude os seus prazos, estratégias, decisões, equipe. O que for.

Mas não mude os seus sonhos.

44

Quando a melhor resposta é uma pergunta

Desde a escola nos ensinam a obter respostas, mesmo que seja copiando de um *metido*.

Se não temos uma resposta imediata e completa na cabeça (ou escrita na palma da mão), é que "você não prestou atenção ou não estudou, é um ignorante e não vai ser nada na vida com essa atitude, eu estou avisando".

As escolas transformam-se assim numa fábrica de respostas embaladas a vácuo em livros coloridos que os irmãos menores já não poderão usar e num depósito de perguntas desfeitas que ninguém fará. É inquietante observar como, ao longo dos cursos do sistema acadêmico, nossos moços (e nós mesmos em nosso tempo) aprendem e memorizam os mecanismos inabaláveis do funcionamento do mundo que nos rodeia, justamente, talvez, porque sabemos muito pouco dele.

No entanto, os avanços, qualquer avanço, em qualquer disciplina, somente se iniciam quando alguém se coloca a pergunta *como*.

Como construir, materializar, baratear, incrementar, fazer algo ser mais rápido, eficiente, excitante?

Como pagar esta conta se deixei a carteira em casa, mas estou com o celular? Como facilitar o acesso a todas as bibliotecas do mundo a uma população infantil não escolarizada após um conflito armado? Como incrementar a capacidade de escolha financeira de uma civilização dependente/escrava dos bancos?

Alguém, agora, perto de você e de mim, está procurando respostas a *comos* muito concretos que resolvem problemas muito reais.

No momento em que temos uma explicação para algo, o porquê, cala-se a inquietude às vezes suscitada pelo nosso imprevisível ambiente real. Inclusive, mesmo que a resposta seja errada, o importante é que exista uma. A consequência disso é clara. Se dispusermos de uma resposta, a pergunta que a precede se torna desnecessária. Morre. E, com o tempo e o esquecimento, assumimos essa resposta em nosso eu mais íntimo e em nosso miniuniverso ao enfrentar os nossos assuntos.

"É que eu sempre faço assim."

"É que eu sou assim."

Podemos nos justificar quando algo não vai como *deveria*, o que nos cai muito bem, sobretudo nas conversas com os vizinhos que estão em melhores condições, nas reuniões com aqueles chefes que são os mestres do Universo ou nos jantares de Natal com os cunhados perfeitos que têm mais conselhos do que as utilidades de um canivete suíço.

Não obstante, há outras maneiras de encarar esse fato.

Se algo na vida parece que consistentemente não sai como desejamos e existe um porquê de isso se manifestar desse modo (não consigo trabalho porque sou velho; não encontro um parceiro porque ninguém me olha; não empreendo porque não tenho crédito; não tenho mais dinheiro porque não tenho a experiência necessária), podemos nos colocar duas opções.

Um: reforçar o seu *porquê*. Sem dúvida, as razões, as causas do que não acontece são sólidas. É difícil viver em permanente incerteza, e as explicações preconizadas contêm uma tábua de salvação muito satisfatória que nos alivia em nossa frustração. (E, de passagem, damos carniça ao cunhado canivete suíço para que se distraia com as nossas razões).

Ou dois: descartar esses porquês e começar a nos fazer perguntas incisivas que comecem com *como*. "Como posso achar um trabalho em que a minha idade seja irrelevante?"; "Como posso realçar meus atrativos físicos particulares e da minha personalidade?"; "Como posso incrementar minha renda/minha experiência com as cartas que tenho neste jogo?".

Quando sentimos que essas perguntas nos incomodam, nos magoam, é um bom sinal para continuar indagando, fuçando ainda mais nelas: isso que sentimos ao nos questionar assim é a dura casca que precisa ser quebrada se aspiramos descobrir caminhos ainda não explorados que mudam rumos vitais.

A sua meta não se encontra numa resposta.

Está escondida na pergunta.

45

Quando uma pessoa brinca de ser algo, acaba sendo

"Sou pouco confiante."

Brinque que tem mais altivez do que os atores George Clooney ou Kevin Spacey.

"Não sei falar em público."

Brinque que se formou na mesma escola de oratória que Barack Obama ou Mel Gibson.

"Não sei como me aproximar daquela pessoa tão interessante."

Brinque de ter o temperamento de Humphrey Bogart ou Harrison Ford.

"Sou a única mulher num conselho de diretoria."

Brinque que possui a amabilidade e ao mesmo tempo a implacável dureza diplomática de Golda Meir ou Madeleine Albright.

"Minha vida às vezes parece um caos."

Brinque que sabe perfeitamente aonde vai, mesmo que não tenha, no momento, nem a mais remota ideia.

Todos os personagens aqui mencionados representam um papel no teatro público no qual desempenham o seu ofício. Algo que você e eu podemos igualmente fazer, mesmo que às vezes as nossas pernas tremam. Clooney seguramente coloca as vestes de Clooney somente em público. Assim como Obama, Ford ou Albright.

Muitas vezes lançamos desejos para o ar. "Ai, se eu tivesse mais valor para..."; "Se somente soubesse como..."; "O que me falta seria somente fazer com que...".

Mudar começa por aceitar profundamente que temos que praticar, praticar, praticar até a maestria.

Quando desejar aprender e integrar uma habilidade ou uma destreza nova, aprenda o máximo sobre ela: leia, vá a cursos e oficinas, estude aqueles para quem essa competência parece que brota pelos poros da pele. Mas, sobretudo, pratique-a. Pratique-a como uma *brincadeira*, como se tivesse nascido com ela. Brinque de ser isso que tanto admira e volte a brincar até que se esqueça de que está brincando.

Brinque de não voltar a baixar os olhos quando um interlocutor impetuoso o intimidar. Olhe-o diretamente nos olhos. É seu direito ocupar esse espaço sobre o qual você está em pé e ninguém vai fazê-lo renunciar a ele.

Brinque de não voltar a calar o que não deseja calar. Qualquer impressão, por pouco lisonjeira que seja, pode ser expressa com cordialidade e sem perder a firmeza.

Brinque de não voltar a dizer "sim" quando queria dizer "não", nem o contrário. Tanto "sim" quanto "não" são frases completas. E não precisa justificar nada a ninguém, salvo se você desejar.

Brinque então de se olhar no espelho, com a testa alta e os pés bem firmes no chao.

Brinque de expressar a sua verdade com palavras que não machuquem a si mesmo ou a outros, essas verdades que são realmente importantes, por incômodas que sejam.

Brinque de pronunciar essas duas palavras, "sim" ou "não", com tudo que carregam em si e o seu ponto final. Sem adoçantes. Não pesam tanto quanto parece.

Brinque tantas vezes quanto for preciso, *como se você já fosse* tudo aquilo que deseja incorporar à sua vida.

Brinque de ser isso as vezes que forem necessárias até que as pessoas próximas notem a sua mudança e você perceba que o tratam de maneira diferente, de acordo com a sua nova habilidade. O seu novo eu.

Será então que perceberá que faz tempo que deixou de *brincar de fazer* algo para estar fazendo de verdade, como uma simples brincadeira.

46

O pacote não é o presente

Quantos desejos que não foram concedidos deram espaço à manifestação de vidas muito superiores à imaginada.
 Talvez se tivesse ido à universidade como aquele homem desejava, agora não teria um patrimônio tão grande graças ao seu negócio e estaria na fila da greve junto de milhares de pessoas extremamente qualificadas do ponto de vista acadêmico para um trabalho que já não existe.
 Talvez se aquela mulher tivesse aceitado a vaga tão lucrativa no outro hemisfério nunca teria conhecido a pessoa com que está há décadas desfrutando das surpresas da vida.
 Talvez se não tivesse ficado doente, não tivesse puxado o freio de mão na frenética rotina que engolia os seus anos, o seu coração teria encerrado as atividades faz tempo.
 Talvez se você tivesse escutado todos os conselhos de tantas pessoas que sempre pareciam saber melhor do que ninguém como agir, não poderia dizer hoje que é livre para decidir sem dar explicações a ninguém.
 O que aparenta ser uma perda pode ser a dor necessária antes do nascimento de uma nova vida.
 Ao contrário, o que aparenta ser um golpe de sorte pode conter um doce envenenado.
 A vida nos dá algumas cartas na nossa primeira respiração no planeta e convida-nos a aproximar a cadeira, a arremangar a

camisa e jogar a partida que nos corresponder. Cada partida é única, diferente. Os jogadores se aglomeram ao redor da mesa tentados a jogar o mínimo possível para ganhar o máximo dos demais. Tudo poderá valer, inclusive trapaças, enquanto não forem desmascaradas. No entanto, com a cegueira de um ego descontrolado para ganhar, poucos se darão conta, com o tempo, de que realmente não importa o jogo nem quantos jogadores aproximam ou afastam a cadeira da mesa na qual cabem todos e mais um, pois a partida *não* é contra os outros.

É contra nós mesmos.

E, quando começarmos a dominar uma modalidade de jogo, o crupiê repentinamente mudará a mesa e o baralho, mas nos convidará em silêncio a seguir jogando, a continuar arriscando, ganhando ou perdendo/aprendendo, mesmo que não tenhamos a mais remota ideia de quem afinal está estabelecendo as regras desse alegre jogo.

> **No jogo da vida, não importa com quais cartas nascemos. Importa como jogamos com as que nos deram e a habilidade em melhorar a nossa mão para ganhar ou aprender a cada rodada.**

Periodicamente, talvez com uma piscadela ou uma respiração enquanto durar a noite, nosso discreto crupiê nos oferecerá uma partida rápida do nosso jogo favorito ou daquele que ganhamos faz tempo, tão somente para terminar de alicerçar a velha aprendizagem, a lição quase esquecida.

Os avatares da vida comporiam um sinuoso gráfico em um osciloscópio: nem tudo o que vai bem irá subir sempre nessa tela fluorescente, nem tudo será definitivo. Salvo se assim decidirmos e devolvermos as cartas ao anônimo crupiê, que, não obstante, não as reintegrará ao monte: ao contrário, as separará com cuidadosa precisão para não as misturar com as que não correspondem, aguardando pacientemente e em silêncio que aceitemos o desafio de não desistir, um dia a mais, um ano a mais, uma vida a mais, em prol da nossa melhor partida.

As cartas aguardam sobre a mesa.

Quer jogar?

47

Medo e mudança

Em geral, a crise dos quarenta costuma se manifestar em qualquer momento entre os trinta e os quarenta e cinco anos.
Mas acontece que também há uma crise dos vinte. E uma dos cinquenta. E a dos trinta e seis anos e três meses, dois dias, nove horas e quarenta e quatro minutos e doze, treze, quatorze segundos.

Ou seja, crises pessoais existiram, existem e existirão na trajetória vital de todo indivíduo conforme vão aumentando as suas experiências, aprendizagens, cicatrizes, sonhos ou adiamentos *sine die*.

Mais cedo ou mais tarde, uma pessoa percebe que, muito possivelmente, seguiu à risca o *cardápio* da vida: estudar → trabalhar em algo seguro (sim, no passado isso não era possível) → casar-se para sempre (quantas pessoas legalmente casadas levam anos já separadas do ponto de vista emocional) → hipotecar-se para a vida toda (isso sim não muda). Em definitivo: *o que é preciso fazer*. Mas isso que *é preciso fazer* foi definido por uma entidade sem cara nem urna de sugestões que chamamos de "sociedade".

No entanto, com o tempo, a personalidade de um indivíduo vai alcançando um grau de maturidade tal que, em muitos casos, começa a compreender com nitidez o que *não* quer e a discernir o contraste com o que realmente deseja. Quanto maior é a diferença entre ambos, maior é essa espécie de "deslocamento" que experimenta no seu interior entre quem "é" como indivíduo e o que "faz" todos os dias.

Dito isso, é preciso ser prático: muitos aspiram viver das suas esculturas, das suas propriedades rurais, dos seus apps para smartphones, dos seus poemas ou dos seus pratos gourmet, mas nem todos podem tornar isso realidade no momento. O mundo mais conhecido (que não é o único que existe, se abrirmos bem os olhos) segue funcionando primordialmente por meio de trocas que incluem dinheiro. Por isso, uma das coisas que uma pessoa que vislumbra uma iminente transição em sua vida talvez deseje primeiro explorar é a sua estrutura de custos e entradas (ou seja, o que precisa a cada mês para viver versus o que queria ter em x tempo).

Não é de se estranhar, pois, que cada vez mais pessoas optem por um trabalho para elas mesmas e *outro* para ganhar dinheiro. A teleoperadora que é artista iniciante à tarde, o técnico de informática que obtém bons ingressos graças ao seu hobby como fotógrafo, o organizador de feiras profissionais que gerencia um clube de mergulho para executivos.

Assim, as pessoas que aspiram a uma transição profissional frequentemente procuram aproximar-se de forma gradual daquilo de que mais gostam, mediante a certeza prévia da cobertura dos seus gastos básicos em trabalhos considerados *menores* pela plebe, mas que lhes permitem, e esse é o truque, comprar tempo para fazer aquilo que realmente querem fazer. Deste modo, uma pessoa que reduz os seus gastos supérfluos mensais poderia se permitir encontrar um trabalho de responsabilidade muito limitada, o que lhe asseguraria "sair no horário, nem um minuto a mais" para ir para casa (ou para onde for) e seguir trabalhando em *sua própria* ideia e desenvolver uma profissão personalizada, da sua escolha, que seguramente deverá (re)inventar a cada passo. É o pequeno preço da decisão de pensar fora da Caixa de Trabalho em que fomos introduzidos não sabemos muito bem quando.

Para esse e outros casos de transição e mudança (um novo país, um novo relacionamento, um pequeno empreendimento) costumamos assumir de saída que os saltos de uma margem a outra devem ser feitos de uma só vez, pois, caso contrário, cairemos na água e seremos arrastados pela correnteza ou, pior ainda, nos afogaremos. No entanto, a realidade, na maior parte das vezes, costuma compor-se de pequenas microtransições intermediárias entre a nossa atual situação e a desejada. Tendo isso em mente, o coquetel (ideia+perseverança+trabalho+ação criativa) costuma dar resultados que alguns observadores externos mais cínicos (e menos valentes), à falta de melhor explicação, qualificarão de *milagrosos*. Para que exista *magia*, é preciso haver *ação*. A ilusão circense é outro assunto.

Não fazemos sozinhos esse trajeto, acompanha-nos aquele velho clandestino que às vezes nos ilumina e tantas outras nos deixa nas trevas. De fato, o medo é uma das emoções básicas que vêm incluídas de série em nosso pacote genético (junto com a tristeza, a ira, a felicidade, a alegria...). Por isso, não podemos nos desfazer dele por inteiro. Portanto, deixe de lutar contra os seus temores: acolha-os, compreenda-os, conviva bem com eles, aceite-os como quem aceita aquele companheiro de voo que não fecha a boca nem debaixo d'água.

Em algum momento há milhares de anos, o medo cumpria uma função muito concreta: fugir dos predadores ou preparar-nos para nos defender do ataque. Hoje, ainda que tenha perdido parte dessa função, segue servindo como *mensageiro* sobre o que sentimos e o que acreditamos que as coisas são ou serão. Churchill dizia que ao longo da nossa vida sofremos por situações e temos medo de muitas coisas que nunca ocorrerão.

Com esse medo exacerbado, uma pessoa pode ficar paralisada como o proverbial cervo no meio da estrada à noite que fica parado de terror ao ver um carro vindo em sua direção. Mas também pode empregá-lo para agir, para evitar algo indesejado, concentrando desse modo a sua energia (pensamentos, decisões, ações) para conseguir aquilo que almeja. Portanto, se esse medo é paralisante, grande demais, verde demais, fedorento demais, com caninos muito grandes, talvez devêssemos considerar caminhar a passos mais cautelosos, parar momentaneamente ou adquirir ferramentas mentais para gerenciá-lo.

Mas que a prudência não se torne desculpa: o medo deve estimular-nos até o grande prêmio.

Outra das coisas que talvez devamos explorar é o círculo de pessoas com quem nos relacionamos. É previsível que, diante das nossas decisões, enquanto alguns simpatizarão, outros nos darão as *perfeitas-razões-para-não-fazer-o-que-realmente--queremos-fazer* (como se não nos bastássemos, obrigado). Talvez seja então o momento de dedicar mais tempo para nos relacionarmos com pessoas que já vivem a nossa situação desejada, em vez de procurar conforto e reforço unicamente no círculo de pessoas que está justamente no ambiente do qual desejamos sair. Para que um engenheiro industrial dê o salto ao mundo do seu hobby e possa viver dos concertos do seu grupo de música, possivelmente lhe sejam mais úteis as pessoas que já estão vivendo no mundo da música, que poderão lhe assessorar de forma mais eficaz do que um grande engenheiro que nunca viu outro instrumento além da flauta doce do primário. Esse exemplo da música pode ser estendido ao restante das disciplinas e ocupações, pois cada indivíduo deve decidir, em última instância, o que é importante, o que é ser vitorioso para ele. Há excelentes músicos que somente tocam em pequenas salas e têm vendas modestas; e músicos medianos que vendem milhões de cópias em horas. Quem é mais feliz? E quem tem mais sucesso? Isso é algo que somente eles podem responder, e unicamente frente a eles mesmos a cada noite antes de dormir.

A definição de *sucesso* só pertence a nós mesmos. Apenas nós podemos determinar qual é o nosso grau de motivação para conseguir o que nos propomos. Unicamente nós seremos o juiz do nosso sucesso. Se tivéssemos cinquenta anos a mais do que temos agora, o que gostaríamos de poder dizer sobre as decisões e passos que tomamos em nossa vida?

Para conseguir o sucesso em toda transição profissional, pessoal ou financeira, é importante trabalhar quatro aspectos.

1. Nosso grau de *motivação*: a ninguém mais compete o quanto desejamos aquilo que desejamos. Rodeemo-nos de pessoas que apoiem os nossos sonhos, que não nos desdenhem ou nos coloquem em situações de precisarmos nos justificar.
2. Nosso *conhecimento*: o que precisamos saber para poder alcançar isso a que nos propomos. Por acaso é o funcionamento de uma indústria? Talvez saber quais são as novas tendências ou adquirir maior habilidade?

3. *Quem* nós conhecemos, quem nos apoia, quem vai adquirir as nossas ideias, possíveis investidores, mecenas, cenários para ganharmos visibilidade, públicos, clientes.
4. Ação, movimentar-nos, *agir*. Sem isso não há nada. Ainda que seja um passo a cada dia, por pequeno e aparentemente inócuo que possa parecer. Todo dia, todo dia, não vamos deitar sem ter feito algo, esse pouquinho a mais que nos aproxime do que desejamos. Um contato, uma informação, um seminário, um telefonema para um amigo de um amigo que conhece um contato valioso.

Um último comentário: celebremos o *pouquinho* que vamos avançando. Inculcaram-nos um obrigatório (e fictício) altruísmo devido ao qual a nossa mente nos trata de modo muito severo quando não fazemos o que "se espera" e pouco generoso quando fazemos algo que nos aproxima do que desejamos no nosso íntimo. Sair da Zona de Conforto passa por reverter essa dinâmica: façamos mais do que decidimos que é relevante e menos por complacência com o "sistema".

Consideremos o nosso avanço no último dia do ano, ao fim de dois e de cinco anos. Marquemos o nosso objetivo em x anos e estabeleçamos planos de ação e indicadores de conquistas que evidenciem, preto no branco, que, de fato, estamos avançando.

Celebremos, pois, cada pequeno êxito: a nossa mente, que adora ser mimada (mediante os circuitos neurológicos de recompensa), buscará modos para que voltemos a fazer isso da melhor maneira, nos empurrando para a conquista seguinte.

48

Adubar a flor errada

Convido você a responder o seguinte e absolutamente científico Teste da Vida, baseado em alguns cenários nos quais (quase) todos nos encontramos alguma vez:

Cenário nº 1

Que pessoa mais atraente. Adoraria me aproximar e convidá-la para um café. Mas (escolha uma opção):

- Certamente é casada.
- Ela não vai me achar interessante.
- Não tenho uma conta bancária de seis dígitos.
- Estou usando minha roupa íntima favorita (sim, ela é dois números maior, mas é muito confortável).

Decisão provável: Melhor ficar quieto onde estou. Afinal de contas, aposto que no fundo é um ogro/bruxa que se faz de interessante.

Primeira semente: A Dúvida.

Cenário nº 2

Que boa oferta de trabalho. Adoraria ocupar essa vaga e, enfim, subir na carreira. Mas (marque o que não procede):

- Tenho certeza de que mais de quinhentos candidatos apresentarão os seus currículos.
- Ali só se deve entrar por Q.I.
- Ah, se eu tivesse esses anos a mais que eles pedem de experiência.
- Que preguiça de começar de novo: faço bem o que faço (e escondo bem aquilo que não...).

> **Decisão provável:** Melhor ficar quieto onde estou. Afinal, com certeza o chefe é um perfeito cretino com ares de mestre do universo e, além disso, se vou, perco os meus direitos adquiridos.
>
> Segunda semente: O Medo.

Cenário nº 3

Vejo uma boa oportunidade aqui. Adoraria entrar no negócio com um sócio, investir e me divertir enquanto trabalho e ganho com isso. Mas (selecione a pior resposta):

- Neste país somente funciona ter um dinheiro X do qual eu não disponho.
- Se eu disser à minha família que sou empresário, contratarão um detetive particular para saber onde montei minha boate de beira de estrada.
- Esqueça impostos e Previdência Social, isso é de uma chatice tremenda e não vale a pena.
- A dívida pública está terrível em relação ao bônus alemão e, pelo amor de Deus, a importantíssima agência de riscos Ping & Pong Brothers ameaça baixar outra vez a qualificação.

Decisão provável: Melhor ficar quieto onde estou. Afinal, esses livros que falam de empreendedores que se divertem ganhando uma nota preta deveriam estar ao lado de *Peter Pan* na seção de Contos de Fadas das livrarias.

Terceira semente: O Desprezo.

Em diversas ocasiões, diante de uma mudança vital que requer que pensemos fora da Zona de Conforto (ou seja, sempre) para conseguir algo que nunca antes havíamos conseguido, primeiro nos deixamos seduzir pela beleza ofuscante da Dúvida. Depois nos deixamos embriagar pelo hipnótico e amargo aroma do Medo. Finalmente, nos protegemos do frio do inesperado entre as ramas do Desprezo.

E, desta forma, no jardim da nossa Vida vão crescendo as sementes do Medo, da Dúvida e do Desprezo, as quais continuaremos regando, orientando-as ao sol em seus vasos, adubando-as diariamente com os nossos pensamentos menos elevados e menos inspiradores. Que agradecidas essas plantas serão em pouco tempo; que rápido crescem mesmo que dediquemos a elas somente uns breves instantes por dia.

Frequentemente, nós mesmos boicotamos as nossas próprias aspirações, transformando-as de majestosos balões aerostáticos para dar a volta ao mundo em coloridas e ridiculamente efêmeras bolhas de sabão.

Desativa-se assim a carga emocional desses desejos (ou seja, a motivação) através de uma queda muito previsível:

Ideia estimulante (uma aspiração, uma meta) → desejo verbalizado (ou imaginado e visualizado) → aparece um "mas" que elevamos ao nível de verdade absoluta → nos damos tapinhas de consolo no ombro pela perda de algo que, de toda forma, nunca foi nosso → voltamos à rotina diária, pouco enriquecedora, mas "é o que há, então deixe de esquentar a cabeça".

Às vezes, não apenas temermos perder.

Muitas, muitíssimas vezes, temermos ganhar.

A Dúvida deslumbra mais do que a Confiança. Mas a segunda ilumina sem cegar. Dê pequenos passos, se o assunto assim o requerer. Mas, quando o fizer, pise forte.

O aroma do Medo é familiar, esperado, conhecido. Mas o Valor gosta dos espaços abertos para germinar. Abra as janelas da sua mente e areje os temores com as pessoas que o apoiarão. Quanto mais compartilhar os seus medos, mais eles se enfraquecerão; quanto mais coragem infundir neles, mais rapidamente o ajudarão a avançar.

O refúgio do Desprezo é tão vazio como o potencial de um aprendiz que não deseja aprender. Abraçar o Desafio que nos aquece a alma é o último santuário dos heróis que escrevem a História.

Não é possível pensar e não pensar ao mesmo tempo, caminhar simultaneamente para o norte e para o sul ou adubar as ervas daninhas pretendendo que a roseira cresça.

Para onde se dirigir o seu pensamento, apontará a sua ação. Para onde apontar a sua ação, estará o resultado.

A guerra entre os seus pensamentos se sustenta a cada dia, a cada hora.

Seja o herói da sua batalha.

49

Ou você surpreende ou é apenas mais um

Estamos compartilhando simultaneamente este espaço-tempo em que vivemos com outros bilhões de indivíduos (cada um com as suas próprias aspirações, desejos e frustrações) e milhões de empresas e de pessoas que tentam nos vender os seus bilhões de produtos.

Antes era mais fácil. Estávamos acomodados de tal forma que quase havia uma correlação perfeita entre o investimento em publicidade e o retorno no faturamento. A fórmula era moderadamente simples: temos de lançar/colocar/fazer/lembrar um produto? Sem problemas: investimos um pouco em publicidade por alguns meses na televisão com o ator ou a criatividade adequada e esperamos sentados os pedidos.

Hoje, isso mudou. Agora, é uma loucura.

É certo que, às vezes, seguimos na letargia. Talvez por outras coisas, sem ter conseguido ainda despertar da vulgarização induzida pelos meios de comunicação de massa e pelos mercados. Mas a diferença é que, desta vez, o processo é diabolicamente vertiginoso. Em questão de segundos, um produto, uma opinião, uma promoção, ou uma manifestação, um distúrbio na capital de qualquer país ou uma foto adulterada de um esportista com a namorada do seu treinador saindo para comprar roupa de bebê propaga-se como um incêndio num depósito de querosene.

E com a mesma rapidez o efeito de cada processo extingue-se. Em apenas alguns dias ou em horas, nem as cinzas lembrarão.

Hoje, a briga não é pelo melhor produto, o melhor serviço, o maior desconto, nem sequer pela qualidade em relação à obsolescência programada dos nossos eletrodomésticos e computadores. A verdadeira luta comercial na atualidade está em atrair a *atenção* de uma audiência específica da qual necessitamos para vender ou oferecer os nossos serviços, produtos ou o nosso currículo. É como se vivêssemos permanentemente sob a lupa dos rankings de audiência de uma televisão paga cujos estúdios de gravação são o planeta inteiro: seguidores no Twitter, curtidas no Facebook, número de páginas diárias visitadas em um blog...

É um redemoinho peculiar. Muitas dessas pessoas *não querem* estar nas redes sociais, mas argumentam mais ou menos que: "Se você não está, não é". "Como não estar, da forma como anda o mercado?"

O problema é que esse redemoinho não tem fim. Sempre há mais um seguidor, mais um *amigo* para podermos dizer que temos e ostentar como uma condecoração, a penúltima folha de latão numa armadura para mostrar ao mundo.

Esse nosso comportamento tem o seu sentido antropológico. Outra coisa é que cada um o valorize como absurdo ou valioso.

Vejamos.

Nosso cérebro está conectado para:

1. *Prestar atenção máxima e finita a uma só coisa em cada instante.* A multitarefa, simplesmente, não é possível. Quando acreditamos que somos capazes de fazer várias coisas ao mesmo tempo (falar ao telefone e dirigir,

responder um e-mail e preparar o peru trufado da ceia; fazer amor e repassar mentalmente as capitais das antigas repúblicas soviéticas para a festa não acabar muito rápido), na realidade o que fazemos é alternar o nosso foco de uma atividade a outra muito rapidamente, de A a B, de B a A, em apenas frações de segundo. Pense em A enquanto faz B, e o mais previsível é que o resultado de ambas não seja bom.

2. *Ser impaciente.* Este órgão que temos trancado no crânio segue, para muitas coisas, ancorado em sua função original. O que acontece quando encontramos comida e estamos com uma fome canina? A primeira reação será engoli-la *ipso facto*, mesmo que não seja saudável. O que acontece quando temos a possibilidade de um encontro íntimo inesperado com uma pessoa muito atraente? Teremos que fazer um esforço de titãs para não sucumbir, mesmo que não tenhamos levado proteção ("claro que não vai acontecer nada", diremos a nós mesmos). O que acontece quando temos a oportunidade de ganhar pouco dinheiro, mas de modo razoavelmente seguro, a cada mês? Então deixamos de lado histórias de empreendedores de êxito, que isso só existe nos filmes. Deste modo, a virtude da *paciência* acaba sendo uma construção fictícia. É claro, essa pode (e possivelmente deva) ser treinada para uma vida de êxito. Mas não viemos com ela de série. Muito pelo contrário. Quantos problemas seriam resolvidos por si mesmos se os deixássemos amadurecer e fenecer sem intervir, se fôssemos capazes de controlar a nossa ansiedade tirando-os do caminho.

3. *Rodear-nos e nutrir (e sermos nutridos por) uma relação emocional construtiva com aproximadamente umas 150 pessoas no máximo*, dado o tamanho do nosso neocórtex cerebral, conforme o postulado do já mencionado antropólogo britânico R. Dunbar.*

Quando enfrentamos, pois, esta situação (milhões de indivíduos brigando pela atenção de milhões de outros indivíduos em milhões de vitrines ou telas para que comprem milhões de produtos), não nos enganemos, a forma de brigar por essa escassa e efêmera atenção não consistirá em fazer mais, mais e mais, mas em fazer *diferente, diferente, diferente.*

Você pode começar o seu projeto com os seus primeiros 150 clientes, mas não os trate como se todos fossem o mesmo cliente multiplicado por 150.

Atenda cada um como se fosse o primeiro. E também como se fosse o último.

Faça cada cliente sentir-se único. Trate-o como se fosse o centro da sua vida: todos gostamos de nos sentir especiais para outro ser humano.

Surpreenda, impressione, dê razões para que ele retorne várias vezes. Torne difícil que não falem de você para os amigos, a família, os fornecedores e os próprios clientes.

Eleve a sua própria marca um centímetro mais acima em cada salto dado para uma melhor atenção a cada um desses 150.

---

* Seguindo o chamado *Número de Dunbar*, quem disser ter, digamos, 900 contatos entre Facebook, Twitter, Google + e LinkedIn proporcionalmente teria um cérebro do tamanho do de um cachalote.

E, quando estiver folgado superando esse limite, volte a incrementá-lo.

Não imite o que se faz no seu setor. Crie você as regras. Estabeleça parâmetros nos quais os demais tenham que imitar você.

E, quando tiver muitos seguidores fazendo tanto ou melhor do que você, rompa o modelo e volte a assentar as bases do seu ofício ou setor.

Quanto mais os seus detratores disserem: "Isto não pode ser feito porque...", mais certo esteja de que você está tornando as suas vidas mais incômodas, pois se sentem inseguros em seus parâmetros de *normalidade*. É a preguiça, a deles, que procuram impor a você para que deixe de incomodar.

Ninguém admite que deseja fazer parte do último pelotão, que anda seguindo o rastro do primeiro, vendo por quilômetros e quilômetros nada além da roda do que vai à frente.

Não seja o pelotão da massa, mas aquele que cria um rastro com o seu serviço, o seu produto, a sua atenção.

Surpreenda-nos.

50

Esvaziando a mochila

Nascemos pensando que tudo é possível enquanto pudermos imaginá-lo.

Entretanto, o processo de educação e socialização dos humanos desde o nascimento inclui aprender o que não se pode fazer, o que não se deve fazer e o que os outros querem que façamos no grupo no qual fomos compartimentados/encaixados.

Nascemos com a majestade da águia, mas aprendemos a ficar no galinheiro junto com o restante dos frangos, ciscando uns grãos misturados com ração em busca de preciosos centímetros quadrados de espaço vital.

Permita-me fazer uma recomendação. Encontre tempo para realizar o Caminho de Santiago como peregrino. Sejam quais forem as suas (não) crenças, a sua idade, a sua etapa de vida, o seu ofício, o seu estado civil ou a sua filiação, faça o Caminho. E, melhor ainda, faça-o sem acompanhante. Dedique mesmo que seja uma semana da sua existência para reconhecer-se, para experimentar consigo mesmo, para alargar os seus próprios limites, para conviver com você, para esquecer o carregador do celular e a senha do e-mail.

Prepare a viagem com consciência, pois certamente são muitos quilômetros de percurso. Na internet, encontrará dezenas de recursos valiosos e livros cheios de recomendações.

Mas, com essa informação, faça então o que todos fazemos e termine ignorando esses bons conselhos de outros peregrinos experientes para fazer o Caminho da sua maneira: leve uma única camiseta extra, o iPod, que também não pesa tanto, aquele gel de banho de litro, porque o pequeno é muito pequeno, aquele saco de dormir que é um pouco pesado, mas bem quentinho, aquelas botas forradas que são a última novidade em engenharia têxtil avalizadas pela NASA.

Quando começar o Caminho em si, perceberá que, enfim, tampouco é um grande desafio como dizem. Na mochila você leva tudo o que precisa e quer. Constatará que não pesa tanto assim. E vamos lá, que Santiago de Compostela nos espera.

Conforme for caminhando sozinho, no entanto, irá notar que essa pequena dobra na ombreira da mochila está roçando e machucando as suas costas. Que aquela dobrinha da meia está criando a mãe de todas as bolhas apesar da vaselina que você passou de manhã. Que parar na sombra de uma árvore com a camiseta empapada de suor vai deixá-lo tiritando de frio em apenas alguns minutos. Que, em resumo, estaria mais confortável em casa, e que diabos estou fazendo aqui podendo estar jogando golfe no clube.

Se jogar a toalha então, perfeito. Nada acontecerá. Ninguém vai julgá-lo. Não há um árbitro nem um pódio, nem uma medalha ou um hino glorioso ao final do trajeto, nem uma multidão o saudando de pé.

Mas, já que começou, por que não concluir a experiência?

Talvez comece a pensar em algum momento se realmente precisa do que leva na mochila. Os seus joelhos talvez estejam ressentidos, sente que as suas costas estão sobrecarregadas, o seu passo é lento e às vezes quase arrastado. Parece que a mochila está maior. Até é difícil levantá-la na manhã seguinte. É preciso esvaziá-la de qualquer maneira.

Até aqui, o óbvio.

Mas é possível que, em algum ponto da aparentemente interminável caminhada, a sua mente tenha um clique que o convide, como quem não quer nada, a questionar se talvez esteja carregando também algum peso na *outra mochila*, a da sua vida, um peso que poderia trazer alívio ao se desfazer dele.

Vamos abrir esta outra mochila para ver o que encontramos.

Há pedras, sim. Umas quantas, ao que parece. Não é de se estranhar que pese tanto.

O que fazem aqui? Vejamos: a pedra da hiper-responsabilidade de assumir decisões de outros enquanto adiamos as nossas.

A pedra de viver o dia a dia para "ficar bem" antes de "sentir-se bem". Sim, esta é grande.

A de competir no supérfluo, pois "não vou ser menos do que o meu vizinho". Esta é bonita e tudo mais, até dá vontade de ficar com ela.

A de repetir rotinas absurdas porque "os demais também fazem assim". Esta, como pesa!

A do "nada dá certo para mim", de que tanto gostam outros viajantes que carregam uma pedra igual. Normal: encaixam como um quebra-cabeça.

A do "ninguém me entende, o mundo está contra mim". Esta é levinha e nem ocupa tanto espaço.

A de "isso é o que me tocou viver, pouco se pode fazer". Esta ocupa quase todo o fundo da mochila. Está bem assentada ali dentro.

A de ....
A de .... e
A de ....

❖ ❖ ❖

Explore a mochila da sua vida.

Por volta dos 35-40 anos costuma haver uma mudança peculiar em nossas vidas. Deixamos de colocar pedras *aprendidas* na nossa mochila e começamos a *tirar* as que estão sobrando e nos detêm, deixando espaço para as pedras que realmente são importantes para nós.

Paradoxalmente, estas novas pedras tão valiosas, sem importar o seu volume, apenas nos trazem um peso:

As relações enriquecedoras e motivadoras.

As materializações de projetos de vida profissional idealizados por nós mesmos.

O cultivo do corpo, do espírito e da inteligência. A calma, o silêncio, a reflexão.

A diversão, o humor, o prazer, a celebração. (Nem tudo precisa ser tão zen, não é?)

Algumas pessoas investirão a segunda metade da vida soltando o lastro que carregaram alegremente nos ombros na primeira metade.

É uma boa forma de caminhar mais rapidamente e poder parar de vez em quando, não porque não podemos mais com a carga, mas para admirar a paisagem que se estende ao longo da trilha.

50 + 1
Coaching não invasivo

Mais cedo ou mais tarde, todo ser humano experimenta uma perda ou um revés sério.

Uma demissão inesperada, um rompimento sentimental penoso, uma falência ou um despertar numa vida emprestada e fictícia.

O indivíduo entra no que se denomina um processo "de luto" depois de um golpe com essas características. Talvez isso soe um pouco desagradável (é mesmo), por isso vamos chamar de um processo de renovação, de transição, de reinvenção e reestabilização. O que menos raiva lhe provocar.

Se o impacto foi muito forte, algumas dessas pessoas procurarão um psicólogo ou um psiquiatra que previsivelmente irá prescrever (às vezes, com muita alegria) ansiolíticos e/ou soníferos entre outros coquetéis químicos.

Algumas dessas pessoas, ao mesmo tempo, se esforçarão para encontrar (ou inventar) um novo norte para si com o trabalho com um *coach*.

No entanto, uma pessoa que está com um estado alterado de consciência devido a uma medicação (pois é isso que essas pílulas fazem, assim como o álcool e outras drogas) não está em condições perfeitas para trabalhar fazendo *coaching*. O seu desequilíbrio químico-cerebral é tal (relaxado demais, inerte demais, passivo demais, ausente demais) que as decisões que tomar (nem falemos das ações) previsivelmente não serão as que adotaria quando *sóbria* e disposta a observar a sua realidade de forma razoavelmente neutra.

Se você viu o filme *O resgate do soldado Ryan*, lembrará as arrepiantes cenas iniciais nas quais se recria o desembarque das tropas aliadas na Normandia no Dia D. A crueza das imagens é bem plausível: morteiros, canhões, balas triturando e desmembrando os corpos dos soldados na praia e tingindo o mar de vermelho-escuro. Os paramédicos, com mais doses preparadas de morfina do que balas nas cartucheiras, vão injetando as seringas com essa droga nos soldados que sangram para, ao menos, aliviar as suas dores até que sejam evacuados ou até que morram.

Não importa quanta morfina ou o seu equivalente legal nos injetemos. Se estamos gravemente feridos, talvez consigamos não sofrer, evitar a dor, mas a nossa veia femoral segue perdendo sangue muito rapidamente enquanto ficamos olhando-a e sorrindo.

Qualquer pessoa que experimenta um luto deve cruzar e transcender a primeira fase, a da dor, mesmo que seja se arrastando, caso queira alcançar a última fase, a de reinventar uma nova vida surgida das cinzas. Que não queiramos estar feridos depois do golpe não quer dizer que não estejamos. Querer que a ferida cicatrize não quer dizer que a ferida esteja suturada. A alma, como o corpo, requer um período de cura que é individual e único e que, sim, pode ser acompanhado não só por uma terapia (sem medicação), mas também por um *coaching* bem conduzido que aponte uma recuperação mais ágil e sólida.

Se você é *coach* e o seu *coachee*/cliente está passando por essa primeira e dolorosa fase, talvez você não deva sugerir grandes objetivos no curto prazo. Se a pessoa considera uma vitória levantar-se a cada manhã, tomar um banho e se alimentar, tenha a certeza de que o avanço é grande. Em seguida chegará o momento de ganhar velocidade de cruzeiro. Deixe espaço para que volte a ficar em pé. Respeite os seus prazos naturais, mas se assegure de que a pessoa renove com frequência o seu desejo de não navegar à deriva.

Se você tem um *coach* durante um revés sério, deixe claro que está em plena fase do luto. Se, no lugar de mimá-lo, o seu *coach* pressiona você, despeça-o.

E, mesmo que talvez seja a última coisa que você quer ouvir, saiba que você transcenderá e aprenderá a viver com esse revés. As lembranças não poderão ser apagadas. Certo, nem precisa, mas, sim, podemos acariciá-las a partir do mar tranquilo que só o tempo concede. E, se puder, prescinda da medicação, pois ela alterará o seu estado de consciência, o seu equilíbrio neuroquímico, a sua capacidade de decisão consciente, às vezes de forma permanente devido à sua composição potencialmente viciante.

Em vez de dopar-se, fale tudo o que precisar para libertar a sua dor, as suas emoções, se precisar, chore, bata num travesseiro, grite no chuveiro, mas permita-se também que lampejos de humor o visitem nem que seja por uns momentos. Rodeie-se de ótima companhia (uma boa ocasião para tirar o pó da agenda, essa que guardamos do tempo em que ainda se usava tinta e cartolina para imprimir cartões de visita). Encontre uma, duas ou três atividades de trabalho e/ou lúdicas que o deixem concentrado durante horas (não subestime aquele curso intensivo para aprender coreano); esqueça-se das notícias da televisão e dos jornais, faça exercício aeróbico até que doam as pernas, alimente-se como um atleta, mas dê prazer também ao corpo (ah, um chocolate). Permita-se mimar-se e ser mimado. Recobre as forças.

Gere assim os seus próprios opiáceos livres, legais e gratuitos (como são as endorfinas geradas pela sua glândula pituitária e pelo hipotálamo).

E, quando voltar a ser capaz de caminhar sem muletas, despeça a pessoa com quem trabalhou em seu processo de *coaching*.

É um bom indicador de que ambos terão feito impecavelmente o seu trabalho.

50 + 2
A grande pergunta

O problema volta e regressa, reaparece e revive, e nos sacode e atordoa com a sua insistência ao longo dos anos. Diversas vezes.

"Não sou capaz de manter uma relação."

"Parece que tenho um ímã para atrair o tipo de pessoa do qual não gosto."

"Sempre acabo sendo demitido dos trabalhos."

"Cada chefe que tenho é pior do que o anterior."

"Só perco dinheiro em todos os investimentos em que me meto."

"É a enésima vez que um sócio me trai."

A primeira vez que nos deparamos com o problema, habitualmente o resolvemos, mais ou menos, adotando uma decisão e uma ação concretas.

A segunda vez que nos deparamos com o mesmo problema, tendemos a empregar aquela solução que funcionou em primeira instância.

A terceira vez que o mesmo problema se intromete em nossas vidas, e já basta, vamos diretamente à nossa caixa de ferramentas e o erradicamos, agora sim, com certa destreza.

Talvez esse problema reapareça uma quarta, quinta ou sexta vez, até que dois possíveis cenários surjam:

1. Que a nossa solução já não funcione, ou que funcione unicamente com um resultado medíocre.
2. Que fiquemos fartos e comecemos a nos perguntar se, por acaso, não somos realmente *nós* que, de fato, estamos criando esse problema.

No primeiro caso, muitos decidirão dividir os seus dias em dois: 50% do tempo, tentarão várias vezes aplicar na resolução do problema o que antes funcionava, mesmo que agora seja ineficaz. De novo, de novo e de novo ("Que diabos, isso tem que funcionar"). Nos outros 50% do tempo, se dedicarão a coçar a cabeça e a se queixar para quem quiser ouvir (mesmo que o outro esteja repassando mentalmente a lista de compras).

Por fim, alguns começarão a se dar conta de que, por mais que sigam dando cabeçadas na parede, ela não cede um milímetro. E mais, o único que parece ceder é o seu crânio. E é então, quando começa a doer a cabeça, que chega a hora de se fazer algumas perguntas.

Entre eles, alguns poucos deixarão de colocar a culpa no universo (ou seja, nos demais) e de se queixar do quão ruim estão *as coisas* para começar a suspeitar que, talvez, a solução passe pelas únicas duas coisas que realmente podem mudar:

A sua perspectiva.
As suas ações.

Se a torre da qual você vigia a situação que o angustia tem o sol de frente, mude de perspectiva para que o sol ilumine o cenário sem cegá-lo.

Se a vida não faz mais que lhe apresentar limões, no lugar de rechaçá-los porque adora as laranjas, monte o monopólio mundial da limonada com ginseng e taurina e chame-o de Yellow Cow. Se a vida lhe presenteia com pedras, no lugar de jogá-las para cima (a gravidade não falha nunca), projete com elas um balneário zen para aposentados com vontade de ser mimados para pagá-lo. Se a vida lhe oferece esterco, no lugar de jogar às escondidas no terreno do vizinho quando ele não estiver olhando, fale com um botânico que lhe deixará boquiaberto (enquanto você segue tapando o nariz) ao falar da vida vegetal que pode criar com ele.

❖ ❖ ❖

No segundo cenário, começamos a suspeitar que talvez estejamos de fato criando os nossos próprios problemas, seja devido à nossa ação, à nossa falta de ação ou por ter a atenção distraída por coisas irrelevantes.

Se for assim, simplifique o assunto o máximo que puder. Assuma por um momento que ninguém no Olimpo dos deuses dedicou a sua existência supra-humana a tornar a sua vida impossível.

Imaginemos por um momento que o problema não é com você. Que está acontecendo com uma pessoa próxima, a quem vê passando apuros tentando decifrar o código hieroglífico do seu calvário particular.

Talvez uma boa maneira de convidar você a gerar soluções seja lhe perguntando:

"O que se está tentando dizer com isso?"

"Qual é a mensagem que você *ainda não* viu nesse problema?"

"O que você deverá aprender disso sobre si mesmo e que obviamente ainda não o fez?"

Com tal perspectiva, deixamos de ver o problema como um inimigo externo a combater e começamos a encará-lo como um mensageiro com informação muito concreta, mas apresentada em um idioma que desconhecemos e cujo dicionário correspondente está em alguma estante oculta em nosso cérebro.

O seu problema, então, não é somente um problema. É um emissário que traz um telegrama em seu nome e que (in)felizmente não vai poder devolvê-lo a seu remetente, pois é *você mesmo* quem está enviando essa mensagem. Poderá deixar o seu telegrama por ali, pegando pó numa mesinha, como quem não quer a coisa. "Se não o olhar, ele não existe." Mas não vai se evaporar por intervenção de um piedoso mago Gandalf.

Agarre esse envelope e abra-o.

Leia de cabo a rabo. Leia as entrelinhas. De trás para frente. Pulando as palavras. Seja como for.

Decifre a senha que revela o modo como você está criando, permitindo, provocando, atraindo o problema. Resolva o que puder resolver. Aceite o que for insolúvel.

E continue traçando a sua vida por terrenos inexplorados. Nos seus próprios termos.

Epílogo

O que esperar do outro lado

Você fez o seu trabalho.

Podendo escolher, você escolheu o caminho difícil. As demais vias já haviam sido bastante percorridas por muita gente em muitas ocasiões.

De fato, segundo você avançou, percebeu que, podendo escolher, optou por não seguir nenhum caminho traçado por outros.

Muitos antes desperdiçaram os seus anos tentando transitar por amplas avenidas já asfaltadas, autopistas de oito vias, confortáveis, seguras, certas. E tudo para chegar, na metade do trajeto, a uma gigantesca barreira com uma placa que os advertia de que a viagem que estavam tentando fazer repetindo conscientemente os passos de outros heróis já não poderia ir além.

O caminho a um êxito *uma vez* percorrido por alguém, ninguém mais pode voltar a percorrê-lo.

❖ ❖ ❖

Por isso, naquele momento, você não teve mais opção. Começou logo. Começou com dúvidas. Mas começou com determinação.

Abriu no matagal que o rodeava uma primeira entrada. Você não lembra muito bem onde.

Simplesmente, limpou o terreno e deu o primeiro passo.

Tinha claro o seu propósito, a bússola o guiava. Que a vegetação ao seu redor fosse tão espessa, tão emaranhada, era secundário para você. Irrelevante.

Você manteve o rumo ao seu norte. Seguiu separando as pedras sem reparar no seu peso monumental ou lamentar pelos calos nas mãos.

Encontrou as suas maneiras, mesmo sem ter muito claro como. Conquistou os seus territórios.

Violou a "Grande Regra Sagrada", a do "Você não pode".

Por fim, chegou ao seu destino; e agora lembra cada noite com a paz do coração do forte que simplesmente: "Você conseguiu".

Quebrou os modelos. Rompeu com as normas. Demonstrou a si mesmo que qualquer coisa que você decidir intimamente conseguir você também quer, pode e deve alcançá-la.

Provou a si mesmo que não precisava mais que lhe dissessem o que era esperado de você para fazer parte das massas, pois encontrou uma "missão" muito importante para a sua vida para continuar agradando aos medíocres.

Demonstrou que a coragem, e não o fácil, é que lhe devolveria o majestoso poder de ser quem governa as suas decisões.

Descobriu que, quanto mais prosperidade você entregava à sua tribo, mais próspero você era.

Comprovou que sempre, sempre teve a razão se quem a tinha impulsionado era a sua alma.

Que o poder de se construir a si mesmo a cada dia segue forjando o aço dos dons com os quais você nasceu.

Que, quando teve que escolher entre o ruim e o pior, recusou-se a decidir até criar novas opções inegociavelmente válidas.

Que a musa da Inspiração sempre o visitou quando você se manteve conectado ao seu propósito neste mundo.

Que as regras do "Possível" foram criadas para serem quebradas.

Que, quando você procurou com os olhos abertos um professor, ele sempre apareceu.

Que, quando você manteve claras as suas intenções, a "Bela" oportunidade sempre lhe concedeu a honra da sua dança.

Que, em cada obstáculo que se interpôs, você viu o reflexo de algo que fez ou deixou de fazer e aquela mensagem cuja senha somente você pôde decifrar.

Que depois de cair e se machucar, você só se ajoelhou para levantar com mais raiva.

Que a única autoridade que você respeitou foi a da sua maior contribuição a este planeta.

Que, quando se render era a opção mais clara, você optou por se refugiar e se fortalecer para a batalha final.

Que, apesar do imprevisível do mundo, você manteve a certeza absoluta de que, acontecesse o que acontecesse, encontraria os seus recursos.

Que, ao longo do caminho, você viajou mais rapidamente com uma mochila transbordando de relações e de experiências do que com uma cheia de pedras do supérfluo.

Que, quando deixou de perguntar, deixou de crescer.

Que o "Medo", mesmo sendo este intimidante monstro grande e verde e temível, também tem medo de você. Enquanto você estava decidido a conseguir algo, ele se escondia assustado na caverna do esquecimento.

Que as suas conquistas e as suas desculpas nunca puderam ocupar o mesmo espaço físico.

Você rompeu, portanto, os seus limites, conquistou os territórios do "não possível". Saiu da Zona.

E agora está do outro lado.

❖ ❖ ❖

O seu grande trabalho, contudo, acaba de começar.

Outras pessoas, como você antes, estão trancadas dentro dos seus próprios limites. Presas na Caixa, cativas nas suas fronteiras de cristal.

Essas pessoas esperam a sua condução, o seu exemplo. A sua inspiração.

Seja legendário. Ensine-as a abrir o seu próprio caminho.

Agite nelas a liberdade de escolher apoiando-se em suas canções, mas sem fazer o trabalho por elas.

Mostre a elas que a aventura, o desafio, a vitória não estão de mãos com o comodismo, a facilidade ou a mediocridade.

Acompanhe-as até a fronteira de si mesmas, até os confins da sua própria não possibilidade.

Mostre a elas como dar o passo, marcar a primeira pegada lá fora.

Infunda nelas a coragem da sua façanha para que abracem a sua própria missão na vida.

O propósito de pegar, enfim, as suas rédeas.

A missão de criar a sua própria aventura.

Fora da Zona.

A aventura continua fora da Zona

Conte-nos sobre as suas ideias, os seus projetos, as suas propostas, os seus desafios e as suas soluções para alcançar aquilo que você tem como meta.

O que você está fazendo fora da sua Zona de Conforto? Impressione a gente! Se quiser, envie o seu blog, Twitter etc. para que outros possam ver e compartilhe como preferir...

Mande um tweet para @GregoryCajina #RLZ ou #Rompe-LaZona (publicaremos também no Facebook).

Entre na comunidade *www.rompelazona.com.*

Assista aos eventos ao vivo que organizamos em várias cidades e nos quais você poderá apresentar as suas ideias para pessoas que também pensam fora da Caixa. Como você.

Inspire também outros a sair da Zona!

Informe-se das novidades em:

www.rompelazona.com

Agradecimentos

Uma pessoa, aquilo que ela é, que escreve, que sente, é, em grande parte, consequência de todas as outras pessoas com quem fala, debate, ri e compartilha este apreciado tesouro que é o tempo. Agradecer *a todos* é agradecer a ninguém, portanto me atreverei a fazer isso em poucas palavras e com um afeto profundo.

Aos leitores que, depois dos livros anteriores, perguntaram sobre o *próximo livro*. A cada um que concluo, sempre me prometo que será o último, mas, graças a eles, decido aplicar a minha própria regra de ignorar as regras. Caso sigam insistindo, vou considerar a opção de me transformar em autor. Obrigado por compartilhar este tempo juntos.

Às mais de mil pessoas com quem pude debater, rebater, tropeçar, corrigir, crescer nestes últimos três anos, com quem aprendo o que compartilharam com generosidade em cada discussão e que agregaram valor (mesmo sem saber!) da capa até o texto final. Jenny Dalhaus, Daniel Manzanas, Loren Álvarez, José Luis Mozo, Carmen Río, Ana Rodríguez, Elena Almalé, Eva Carbayo, Ana Fariñas, Irene Navarro, Fernando Fernández, Enrique Gómez, Blue Sue, Hedwig Schomacher, Yolanda Morera, Ana M. Guzmán Hernández, Sonia Paez, Daniel Romero, Patricia Tomoe, Raquel Manchado, Miguel Luis Jiménez, Irma Fernández, Enrique Iparraguirre, Concha Barbero, Salvador Badillo, Vicky Bendito, Patricio Lombera, Mª Ángeles Casas, Mónica Murga, Javier Gómez, Antonio Uriarte, e um grande *et cetera*.

À minha editora Elisabet Navarro e à equipe da Oniro, por tornar possível que este livro estimule que se rompam cada vez mais modelos.

Aos distribuidores e livreiros, por facilitarem a criação de comunidades que crescem cada vez mais fora da Caixa.

À minha agente Marta Sevilla, da Zarana Agência Literária, não apenas por seu profissionalismo e crítica paciente, mas também por sua orientação nestes meses.

Aos meus pais, por seu apoio incondicional. Sobram palavras quando transborda o carinho.

A meus irmãos, por se sobressaírem como modelos. Vocês são excepcionais.

Aos meus amigos, por ignorarem as distâncias, os aeroportos e os fusos horários e permanecerem sempre tão próximos como no primeiro dia e à noite passada. Vocês são indivíduos maravilhosos para sorrir e também para chorar. De rir.

À minha companheira, por levantar a sobrancelha cada vez que me pegava escrevendo à noite. Graças a ela este livro está sendo publicado nesta década. Obrigado por sua generosa presença.

E, sobretudo, às minhas filhas, por me mostrarem tantos caminhos ainda por explorar. Benditas sejam vocês, mestras.

Prol
EDITORA GRAFICA